中央高校基本科研业务费专项资金资助（No. NR2018056）

公共文化服务标准体系研究

李小涛 著

东南大学出版社
SOUTHEAST UNIVERSITY PRESS
·南京·

内 容 提 要

在公共文化服务体系建设快速发展的过程中,均等化、标准化问题日益引起政府和社会各界的关注。标准化被视为实现均等化的重要途径,我国政府不断出台相关政策、文件来促进公共文化服务标准化的发展。而且当今社会经济快速发展,公民的精神文化需求和文化权利意识日益增强,迫切需要一套系统、科学的公共文化服务标准体系及其管理机制来切实保障公民的文化权利,提高公共文化服务水平。本书在对国内现行公共文化服务标准和国外公共文化服务标准化实施模式分析的基础上,提出了我国公共文化服务标准体系的实施模式与路径,设计了公共文化服务标准体系的框架,建立了公共文化服务标准体系的运行过程模型,以期为我国公共文化服务体系的建设提供参考与借鉴。

图书在版编目(CIP)数据

公共文化服务标准体系研究/李小涛著. —南京:东南大学出版社,2019.1
 ISBN 978-7-5641-8237-3

Ⅰ.①公… Ⅱ.①李… Ⅲ.①公共管理-文化工作-标准体系-研究-中国 Ⅳ.①G123-65

中国版本图书馆 CIP 数据核字(2019)第 010958 号

公 共 文 化 服 务 标 准 体 系 研 究
Gonggong Wenhua Fuwu Biaozhun Tixi Yanjiu

著　　者	李小涛
出版发行	东南大学出版社
地　　址	南京市四牌楼 2 号　邮编:210096
出 版 人	江建中
网　　址	http://www.seupress.com
经　　销	全国各地新华书店
印　　刷	江苏凤凰数码印务有限公司
开　　本	700 mm×1000 mm　1/16
印　　张	11.25
字　　数	185 千字
版　　次	2019 年 1 月第 1 版
印　　次	2019 年 1 月第 1 次印刷
书　　号	ISBN 978-7-5641-8237-3
定　　价	56.00 元

本社图书若有印装质量问题,请直接与营销部联系。电话(传真):025-83791830。

前言

2006年,我国"十一五"规划提出要加大政府对文化事业的投入,逐步形成完善的公共文化服务体系,公共文化服务体系建设的帷幕从此拉开。随后,中共中央办公厅、国务院办公厅、文化部等多个部门相继发布《关于加强公共文化服务体系建设的若干意见》《国家"十二五"时期文化改革发展规划纲要》《中共中央关于全面深化改革若干重大问题的决定》等多个重要文件。2015年1月,中共中央办公厅、国务院办公厅印发了《关于加快构建现代公共文化服务体系的意见》和《国家基本公共文化服务指导标准(2015—2020年)》,提出了构建公共文化服务体系的指导思想、基本原则、主要目标和具体措施,并对公共文化服务的项目与内容做出了规定,将公共文化服务体系建设提升到前所未有的高度,推动了我国公共文化服务事业的蓬勃发展。

近年来,公共文化服务体系建设的投入不断上升,公共文化服务体系建设取得显著成效,社会公众的精神文化生活日益多样化,但与当前经济社会发展水平和人民群众日益增长的精神文化需求相比,公共文化服务体系建设水平仍然有待提高。实现公共文化服务的标准化与均等化是提高公共文化服务体系建设水平的重要途径之一,而标准化战略亦是国家发展战略的重要组成部分,因此,公共文化服务标准体系研究是当下一项重要而紧迫的任务。

《公共文化服务标准体系研究》一书综合运用了文献调研、信息计量分析、系统分析、模型分析等多种理论与方法,在对国内现行公共文化服务标准和国外公共文化服务标准化实施模式分析的基础上,提出了我国公共文化服务标准体系的实施模式与路径。通过对公共文化服务的基本要素和标准化需求进行系统分析，设计出公共文化服务标准体系的框架，并从整体的层面上探索了公共文化服务标准体系的运行过程模型。全书共分8章，具体内容如下：

第1章：绪论。介绍本书的研究背景与意义、国内外公共文化服务标准体系的研究现状以及本书的研究思路与方法、创新点等内容。

第2章：公共文化服务标准体系的理论基础。分别介绍标准化理论、新公共服务理论、文化社会学理论的内涵及其对公共文化服务标准体系研究的指导意义。此章内容为本书的研究提供理论支撑。

第3章：公共文化服务标准体系的基本问题研究。内容包括四个方面：对公共文化服务的内涵与范围进行界定，对公共文化服务标准的类型与作用进行分析，对公共文化服务标准体系的目标与特征进行探索，对公共文化服务标准体系的必要性与可行性进行总结。

第4章：现行公共文化服务标准的计量分析。利用信息计量分析的工具与方法，对现行公共文化服务标准从时间分布、类别分布、起草单位、归口单位、起草人合作网络、标准引文网络、标准关键词共现网络等方面进行分析。对我国公共文化服务标准的发展现状与存在的问题进行总结，并探索了进一步完善、优化的途径。

第5章：公共文化服务标准体系的实施模式与路径。首先对美国、英国、法国的公共文化服务和标准化管理体制进行比较分析，为我国公共文化服务和标准化管理体制提供参照。美国、英国和法国的公共文化服务标准化模式分别可归纳为"民间自愿"模式、"共同管理"模式、"政府主导"模式。我国公共文化服务标准体系的实施过程中，可借鉴国外的先进经验和管理理念。在此基础上，对我国公共文化服务标准化的实施主体与路径进行了分析。

第6章：公共文化服务标准体系的设计。本章研究了设计公共文化服务标准体系的基本原则和主要方法。在对公共文化服务的要素进行系统分析的基础上，明确了公共文化服务标准化的需求及所涉及的具体行业。然后从内容、领域、级别三个维度和基础标准、技术支撑标准、通用标准和行业领域标准四个层次设计了公共文化服务标准体系，得出公共文化服标准体系的结构图和明细表。最后分别对各层次公共文化服务标准的内涵进行了说明。

第7章：公共文化服务标准体系的运行过程模型。本章从公共文化服务标准化的三个基本子过程入手，探讨了公共文化服务标准化的驱动模型、监督评价模型和反馈控制模型，并揭示了三者之间的内在联系。三个子过程模型的有机结合构成了公共文化服务标准体系的运行过程模型，为推动公共文化服务标准体系的整体管理、结构优化、持续作用和宏观调控提供了理论依据。

第8章：结论与展望。是对本书的结论进行归纳和总结，对未来研究的发展深化途径进行展望。

本书的创新之处包括以下三个方面：（1）理论创新，提出了设计公共文化服务标准体系的目标、原则与方法，从不同的维度分层展开各要素的标准框架结构，设计出协调有序、系统全面的公共文化服务标准体系；（2）方法创新，将信息计量分析方法移植到标准研究中，进行标准计量分析；（3）应用创新，提出了公共文化服务标准体系的驱动模型、监督评价模型和反馈控制模型，并揭示了三者之间的相互关系。

本书的出版获得了中央高校基本科研业务费专项资金资助（No. NR2018056），本书主要读者对象包括政府文化管理部门，图书馆、文化馆等公共文化服务部门，标准化管理部门及研究机构，文化产业从业人员，图书馆学、情报学及相关学科领域的研究生及教学科研人员等。虽然笔者已经对本书内容进行了多次推敲与核对，但书中难免会有错误与疏漏之处，希望广大读者给予批评指正。

目 录

1 绪论 ……………………………………………………………… 1
  1.1 研究背景与意义 ………………………………………………… 1
    1.1.1 研究背景 ………………………………………………… 1
    1.1.2 研究意义 ………………………………………………… 4
  1.2 国内外研究现状 ………………………………………………… 6
    1.2.1 国外相关研究 …………………………………………… 6
    1.2.2 国内相关研究 …………………………………………… 9
    1.2.3 以往研究的不足 ………………………………………… 18
  1.3 研究思路与方法 ………………………………………………… 19
    1.3.1 研究思路 ………………………………………………… 19
    1.3.2 研究方法 ………………………………………………… 20
  1.4 创新之处 ………………………………………………………… 21

2 公共文化服务标准体系的理论基础 …………………………… 23
  2.1 标准化理论 ……………………………………………………… 23
    2.1.1 标准与标准化 …………………………………………… 23
    2.1.2 标准化的基本原理 ……………………………………… 24
    2.1.3 标准化的过程 …………………………………………… 25
    2.1.4 指导意义 ………………………………………………… 26
  2.2 新公共服务理论 ………………………………………………… 27
    2.2.1 基本内涵 ………………………………………………… 27

2.2.2　指导意义 …… 28
　2.3　文化社会学理论 …… 28
　　2.3.1　基本内涵 …… 28
　　2.3.2　指导意义 …… 30
　2.4　本章小结 …… 30

3　公共文化服务标准体系的基本问题研究 …… 31
　3.1　公共文化服务的内涵与范围 …… 31
　　3.1.1　公共文化服务的定义 …… 31
　　3.1.2　公共文化服务的特点 …… 32
　　3.1.3　公共文化服务体系的主体 …… 32
　　3.1.4　公共文化服务的基本范围 …… 33
　3.2　公共文化服务标准的类型与作用 …… 35
　　3.2.1　公共文化服务标准的分类 …… 35
　　3.2.2　公共文化服务标准的作用 …… 36
　3.3　公共文化服务标准体系的目标与特征 …… 37
　　3.3.1　公共文化服务标准体系的总体目标 …… 37
　　3.3.2　公共文化服务标准体系的基本特征 …… 37
　3.4　公共文化服务标准体系的必要性与可行性 …… 38
　　3.4.1　公共文化服务标准体系的必要性 …… 38
　　3.4.2　公共文化服务标准体系的可行性 …… 41
　3.5　本章小结 …… 44

4　现行公共文化服务标准的计量分析 …… 45
　4.1　标准计量分析的数据与方法 …… 45
　　4.1.1　数据获取 …… 45
　　4.1.2　分析方法 …… 51
　4.2　公共文化服务标准的发展现状 …… 55
　　4.2.1　公共文化服务标准数量快速增长 …… 55
　　4.2.2　公共文化服务标准的内容不断扩展 …… 56
　　4.2.3　公共文化服务标准化体系逐步完善 …… 63

4.2.4 标准起草过程中形成了多样的合作模式 …… 68
4.2.5 公共文化服务标准化专家队伍初具规模 …… 70
4.2.6 公共文化服务标准知识网络正在形成 …… 72
4.2.7 文化与科技融合的趋势正在凸显 …… 74
4.3 现行公共文化服务标准的问题 …… 74
4.3.1 未能构成完整的公共文化服务标准体系 …… 74
4.3.2 国际化水平有待提高 …… 75
4.3.3 缺少统一的组织管理机制 …… 75
4.3.4 标准资源共享平台建设有待加强 …… 76
4.3.5 多项公共文化服务标准的标龄过长 …… 76
4.4 标准计量分析的广阔应用前景 …… 77
4.4.1 为标准研究提供新的计量指标 …… 78
4.4.2 为标准化领域的科学评价提供新的途径 …… 78
4.4.3 构建标准知识网络，提高标准的管理水平 …… 78
4.4.4 标准与专利、法律相结合的计量分析 …… 78
4.4.5 标准计量规律的探索 …… 79
4.5 本章小结 …… 79

5 公共文化服务标准体系的实施模式与路径 …… 80
5.1 国外公共文化服务与标准化 …… 80
5.1.1 美国公共文化服务与标准化 …… 80
5.1.2 英国公共文化服务与标准化 …… 82
5.1.3 法国公共文化服务与标准化 …… 84
5.1.4 比较分析 …… 86
5.2 我国公共文化服务标准体系的实施模式 …… 88
5.2.1 我国的标准化管理体制 …… 88
5.2.2 我国的公共文化服务模式 …… 89
5.3 我国公共文化服务标准体系的实施路径 …… 90
5.3.1 实施主体 …… 90
5.3.2 具体路径 …… 94

5.4 本章小结 …… 97

6 公共文化服务标准体系的设计 …… 99
6.1 公共文化服务标准体系设计的原则与方法 …… 99
6.1.1 基本原则 …… 99
6.1.2 主要方法 …… 101
6.2 公共文化服务标准体系的设计思路 …… 102
6.2.1 公共文化服务标准的需求分析 …… 102
6.2.2 公共文化服务涉及的行业领域 …… 107
6.2.3 公共文化服务标准的级别 …… 108
6.2.4 公共文化服务标准的维度 …… 109
6.3 公共文化服务标准体系结构图与明细表 …… 110
6.3.1 公共文化服务标准体系结构图 …… 110
6.3.2 公共文化服务标准体系明细表 …… 113
6.4 公共文化服务标准体系的内涵 …… 116
6.4.1 公共文化服务基础标准 …… 116
6.4.2 公共文化服务技术支撑标准 …… 116
6.4.3 公共文化服务通用标准 …… 117
6.4.4 公共文化服务的行业领域标准 …… 118
6.5 本章小结 …… 118

7 公共文化服务标准体系的运行过程模型 …… 120
7.1 公共文化服务标准体系的运行过程 …… 120
7.1.1 基本过程 …… 120
7.1.2 迁升过程 …… 121
7.1.3 子过程模型 …… 122
7.2 驱动模型 …… 122
7.2.1 政府推动 …… 123
7.2.2 文化产业牵引 …… 124
7.2.3 公众需求拉动 …… 125
7.2.4 科技发展带动 …… 126

7.2.5 公共文化服务机构的内部阻力 ·················· 127
   7.2.6 公共文化服务标准化的效果偏差 ················ 127
 7.3 监督评价模型 ······································ 129
   7.3.1 政府部门监督与评价 ·························· 130
   7.3.2 第三方机构监督与评价 ························ 130
   7.3.3 公共文化服务机构自我监督与评价 ·············· 131
   7.3.4 社会公众监督与评价 ·························· 131
 7.4 反馈控制模型 ······································ 132
   7.4.1 对外部环境的感知 ···························· 133
   7.4.2 对标准体系的控制 ···························· 133
   7.4.3 标准体系的调控原则 ·························· 134
 7.5 运行过程模型——三个子过程模型的有机结合 ········· 136
   7.5.1 三个子过程模型的意义 ························ 136
   7.5.2 三个子过程模型的结合 ························ 136
 7.6 基于运行过程模型的对策建议 ························ 137
   7.6.1 增强公共文化服务标准体系的驱动力 ············ 138
   7.6.2 对公共文化服务标准体系的效益进行科学评估 ···· 140
   7.6.3 确立合理的标准复审周期,及时进行反馈控制 ····· 141
   7.6.4 采用综合措施促进公共文化服务标准体系发展 ···· 141
 7.7 本章小结 ·· 144

8 结论与展望 ·· 146
 8.1 结论 ·· 146
 8.2 展望 ·· 148

参考文献 ·· 152
后记 ·· 164

1 绪　论

1.1 研究背景与意义

1.1.1 研究背景

根据《中国图书馆分类法》的分类，标准、专利、商标都属于图书馆学情报学的研究范畴。标准化战略是国家发展战略的重要组成部分，而公共文化服务标准体系研究则是当下一项重要而紧迫的任务。

1) 公共文化服务体系建设的快速发展

2006年，我国"十一五"规划提出要加大政府对文化事业的投入，逐步形成完善的公共文化服务体系①，我国公共文化服务体系建设的帷幕从此拉开。随后，中共中央办公厅、国务院办公厅、文化部等多个部门相继发布《国家"十一五"时期文化发展规划纲要》《中共中央关于构建社会主义和谐社会若干重大问题的决定》《关于加强公共文化服务体系建设的若干意见》《国家"十二五"时期文化改革发展规划纲要》《中共中央关于全面深化改革若干重大问题的决定》等多个重要文件，将公共文化服务体系建设提升到前所未有的高度，推动了我国公共文化服务事业的蓬勃发展。近年来，公共文化服务体系建设的投入不断上升，公共文化服务体系建设取得显著成效，社会公众的精神文化生活日益多样化，但与当前经济社会发展水平和人民群众日益增长的精神文化需求相比，公共文化服务体系建设水平仍然有待提高。实现公共文化服务的标准化与均等化是提高公

---

① 新华网. 中共中央关于制定"十一五"规划的建议（全文）[EB/OL]. [2014-8-12]. http://news.xinhuanet.com/politics/2005-10/18/content_36403.18.htm

共文化服务体系建设水平的重要途径。

2) 公共文化服务标准化的重要性

公共文化服务的均等化、标准化问题已引起政府和社会各界的日益关注。《文化标准化中长期发展规划（2007—2020）》提出要"加强公共文化体系服务标准的制定实施，努力改善公共文化服务体系的社会服务功能和社会效益"[①]。2011年12月，国家标准化管理委员会编制了《标准化事业发展"十二五"规划》，提出要加大社会管理和公共服务标准化力度，建立社会管理和公共服务标准体系"，该规划将公共文化服务也列为标准化的重点领域之一[②]。2012年8月，国家标准化管理委员会联合文化部、教育部、国家发展和改革委员会等26个部门，制定并发布了《社会管理和公共服务标准化工作"十二五"行动纲要》（下文简称《纲要》），要求各地方、部门高度重视社会管理和公共服务标准化工作，以《纲要》为依据推进社会管理和公共服务标准化工作。《纲要》中的社会管理和公共服务标准化工作涉及公共文化体育在内的14个方面，设置了"公共文化服务标准化推进工程"等在内的11项重大工程，明确提出要建立我国公共文化服务标准体系，保障公众的基本文化权益，为推动公共文化服务体系的发展提供技术支撑"。第十二届全国人大二次会议的政府工作报告中也提出，要促进基本公共文化服务的标准化、均等化。可见公共文化服务的标准化已引起政府的高度重视。

3) 经济繁荣推动了公众精神文化需求的增长

近年来，我国经济持续高速发展，全国各省市、自治区对公共文化的投入显著增长，文化事业经费占财政支出的比例不断增加，为公共文化服务体系的建设提供了坚实的经济基础。同时，国家大力发展文化产业，对外文化贸易不断扩大，文化产品和服务出口的机制日益健全和完善，文化产业在国民经济中所占比例逐渐上升，为公共文化服务的创新提供了有力

---

① 中国政府网. 文化部关于印发《文化标准化中长期发展规划（2007—2020）》的通知[EB/OL]. [2014-8-18]. http://www.gov.cn/gzdt/2007-08/06/content_707569.htm
② 中国电子政务网. 标准化事业发展"十二五"规划[EB/OL]. [2011-12-23]. http://www.e-gov.org.cn/ziliaoku/zhengfuguihua/201203/128316.html

的经济支撑。经济的发展推动了文化事业的繁荣，大量的资金投入为公共文化服务提供了充分的保障。随着经济社会的发展，人们的生活水平不断提高，对精神、文化需求越来越高，文化权利意识也逐渐增强。公众迫切需要政府提供与社会需求相适应的公共文化服务，切实保障公民的文化权利。根据政府的公共文化服务提供能力和公众的实际需求，制定公共文化服务标准体系，是保障公民基本文化权利、促进公共资源合理配置、为公共文化服务与管理提供决策支持的有效途径。因此，社会的需求也呼唤公共文化服务尽快实现均等化与标准化。

4）服务标准化已逐渐在世界范围内兴起

服务是服务提供者与顾客接触过程中所产生的一系列活动过程及其结果，其结果通常是无形的。服务标准化就是通过制定和实施服务标准来提高服务质量和效率的过程[1]。随着全球产业结构的重心从制造业向服务业的转移，服务业在世界范围内得到快速发展，许多国家的服务业产值在GDP中所占比例不断升高。服务业的繁荣兴盛对国际服务贸易中的标准规范提出了迫切需求。1994年，世界贸易组织（WTO）制定了《服务贸易总协定》，倡导各国在提供服务的资格和能力方面，协商制定客观、详细的标准。在此背景下，1996年，国际标准化组织（ISO）将第27届世界标准日的主题定为"呼唤服务标准"，服务标准化开始成为国际标准化的新兴领域之一。我国2011年发布的国家标准GB/T 15624-2011《服务标准化工作指南》对服务标准以及服务标准化的范围做出了明确的界定[2]。服务标准化的范围很广，公共文化服务无疑是服务业更精细的发展方向之一，因此服务标准化的原则、程序、要求也适用于公共文化服务标准化的过程。

我国对服务标准化工作非常重视。2009年，国家标准化管理委员会与国家发展和改革委员会、教育部、商务部、文化部等部门联合发布了《全

---

[1] 王登华,卓越.公共服务标准化导论:以南京市江宁区财政局实践探索为个案[M].北京:中国财政经济出版社,2011:19.
[2] 中国国家标准化管理委员会.GB/T 15624-2011 服务标准化工作指南[S].北京:中国标准出版社,2011:1.

国服务业标准2009年—2013年发展规划》，确立了服务标准化工作的指导思想、主要目标、主要任务和主要措施，对全国服务标准化工作的开展起到了重要的指导作用。我国还于2003年成立了全国服务标准化技术委员会，专门负责服务方面的基础标准（包括服务术语、服务标准化指南、服务分类等），以及新兴服务领域服务标准的制定和修订工作。该委员会的工作范围与国际标准化组织消费者政策委员会（ISO/COPOLCO）、非正式教育与培训服务标准化技术委员会（ISO/TC232）对应。截止到2014年12月，该委员会已制定《文化服务质量管理体系实施指南》《社区服务指南》《服务业组织标准化工作指南》《灾后过渡性安置区基本公共服务》等58条国家标准。

5) 标准化科学技术日益成熟

标准化作为一门年轻而又有发展前途的横断学科，其应用范围几乎覆盖人类活动的一切领域。在2009年发布的国家标准《中华人民共和国学科分类与代码》中，正式设立了"410.50 标准化科学技术（亦称标准化学）"，标志着标准化开始成为一门独立的学科。各国学者对标准化的概念、内容、地位和作用、原理与方法以及标准化的科学性质进行了深入的分析和总结。标准化学科现已日益完善，可为公共文化服务的标准化工作提供科学的理论基础和方法指导。标准化的基本原理来自长期标准化实践的总结、提炼和升华，对标准化工作起着重要的指导作用。国际标准化组织ISO专门设立了标准化原理研究常设委员会（STACO），世界各国也有众多学者对标准化的基本原理进行研究。在众多标准化原理的研究成果中，较有影响力的是桑德斯的"七项原理"和松浦四郎的"十九项原理"，以及我国标准化学者李春田提出的"标准系统的管理原理"。这些原理能科学、客观地反映标准化活动的规律，可为公共文化服务标准体系研究提供理论指导。

1.1.2 研究意义

进行公共文化服务标准体系研究，有以下几个方面的理论与实践意义：

1) 规范公共文化服务体系建设

构建公共文化服务的标准体系，可以为公共文化服务的设施建设、政策法规制定、资金投入、人力资源发展供依据和准绳，促进公共文化服务体系的科学发展，使我国公共文化服务体系建设获得更好的发展。

2）促进公共文化服务均等化的实现

由于经济发展、公共资源、人口数量的分布不均，我国公共文化服务存在着城乡差异大、区域发展不均衡的问题。建立公共文化服务标准体系，有利于公共文化产品与服务的种类、数量、内容、质量的统一，有利于全国范围内的公民有基本相同的机会获得基本相似的公共文化产品与服务，并得到基本相等的服务效果。

3）为公共文化服务绩效评估提供依据

党的十七届六中全会明确提出了要制定公共文化服务指标体系和绩效考核办法。公共文化服务评估对于公共文化服务质量的提高有着重要作用，有利于对公共文化服务体系的计划辅助、监控支持、预测判断、激励约束和资源优化[1]。而科学的评估需要有科学、统一的标准，完善的标准体系可为公共文化服务评估提供依据，提高评估结果的可靠性、可比性和有效性。

4）提高公共文化服务的标准化水平

我国已发布、实施了《文化服务质量管理体系实施指南》《公共图书馆服务规范》《文物保护单位开放服务规范》等公共文化服务的相关国家标准，为公共文化服务的规范化提供了依据。但由于公共文化服务涉及范围较广，现有的标准尚不能满足公共文化服务体系的发展需求，还有相当多的服务标准仍属空白，远未形成系统完善的公共文化服务的标准体系。制定并实施公共文化服务标准体系，从系统的角度来协调各个标准间的关系，可使体系内的所有标准发挥协同作用，最终产生系统效应。目前公共文化服务标准化在国际上仍处于起步阶段，我国制定并实施公共文化服务标准体系可以提高我国在这一领域的标准化水平和国际影响力。

---

[1] 李宁. 农村公共文化服务绩效评估机制构建研究[J]. 宁夏大学学报（人文社会科学版），2009（6）：181-184.

5) 促进文化与科技的结合

科技创新对文化发展无疑有着重要的引擎作用，文化与科技的融合已引起政府及社会各界的高度重视，标准化是促进文化艺术与现代科技紧密结合、推动文化创新的重要技术保障。公共文化服务标准化是科技与文化融合的重要切入点之一。以云计算、物联网、移动互联网、大数据、智慧城市为代表的新科技必将对文化需求和文化产品与服务的提供方式带来不可估量的影响，公共文化服务标准体系可以有效促进这些新兴技术在服务中的推广应用，同时提高公共文化服务的质量和公众满意度。

1.2 国内外研究现状

1.2.1 国外相关研究

国外学者往往在对文化政策、公共服务的研究中略有涉及公共文化服务，专门针对公共文化服务的研究还较少，探索公共文化服务标准的研究更为罕见，而且这方面的外文论文很多都是我国学者在国外期刊、会议上发表的。国外有关公共文化服务的研究主要从文化政策与文化权利、公共文化服务的影响因素、保障机制等方面展开。

1) 文化政策与文化权利研究

M. S. Birtolo 比较了世界人权宣言和穆斯林、曼谷的人权宣言的不同，发现人权并不是由人类本性所决定的，不同的文化会导致对人权不同的理解[1]。因此以人类本性为出发点来构建普适、合法的人权体系并不是一个有效的策略，这样无法在全球化背景下向各个不同的文化体系推广。X. L. Geng 等人认为文化权利是每个公民的基本权利[2]，可持续地提供公

---

[1] Birtolo M S. The Declarations of human rights between nature and culture[J]. Teoria-rivista di filosofia, 2014, 34(2): 45 - 63.
[2] Geng X L, Wu X X. On safeguard mechanism of public service sustainable supply on the perspective of culture right: Taking changshu for example [C]//Proceedings of the 2012 international conference on management innovation and public policy (ICMIPP 2012), Irvin: Sci Res Publ, 2012: 6 - 11.

共文化服务是对文化权利的保障。公共文化服务的供给需要遵循一些基本原则，如体现公共福利、公平公正、可持续性、低碳环保等。他们提出当前公共文化服务供给中的主要问题有：公共文化设施缺乏而且布局不合理、公共文化服务效率和使用率不高、公共文化服务供给不平等，过于集中于少数地区等。建立可持续公共文化服务的保障机制，增强公众自由选择的权利，建立公众参与机制，及时表达公众诉求，拓展公共文化服务的多元供给途径，合理规划公共文化服务的整体布局和覆盖范围已刻不容缓。

国家的文化政策主导着公共资源向文化服务机构的流动，E. Bertacchini 等人探索了政府决定是否将公共文化服务外包的影响因素[1]。他们对意大利 1998—2008 年间的城市文化政策进行了分析，发现严格的财务审核和单一的经费来源不利于文化服务的效果，这些因素会导致政府将公共文化服务外包给民间机构。L. Kong 调查了新加坡的文化政策，分析了该国发展中经济政策和社会文化政策的交互关系[2]。他从文化工作者的角度，如艺术家、舞蹈家、剧作家、演员、导演等等，来研究国家政策和文化工作者理想的背离。C. Barnett 对欧盟 1990 年以来的文化政策进行了分析，他认为文化是促进欧洲一体化的媒介，促进文化合作的政策对欧盟的发展有重要意义[3]。N. Dorasamy 认为设立政府部门的主要目的就是提供公共服务以满足公众需求，政府应设法以最好的方式来履行这一职责，提高公民的生活质量[4]。他对南非公共服务中基于道德行为的目的导向型领导机制改善公共文化服务供给的作用进行了研究，发现公共服务中的不道德行为对服务质量有不良影响。在领导过程中缺乏道德文化支撑影响了公共服务的质量。因此，依靠道德文化支撑的目的导向型领导机制是推动公共服务供

---

[1] Bertacchini E, Nogare C D. Public provision vs. outsourcing of cultural services: Evidence from Italian cities[J]. European journal of political economy, 2014, 35(9): 168 – 182.
[2] Kong L. Cultural policy in Singapore: negotiating economic and socio-cultural agendas[J]. Geoforum, 2000, 31(4): 409 – 424.
[3] Barnett C. Culture, policy, and subsidiarity in the European Union: from symbolic identity to the governmentalisation of culture[J]. Political geography, 2001, 20(4): 405 – 426.
[4] Dorasamy N. Enhancing an ethical culture through purpose-directed leadership for improved public service delivery: a case for South Africa[J]. African journal of business management, 2010, 4(1): 56 – 63.

给、更好满足公众文化权利的有效途径。

2) 公共文化服务研究

R. Andrews 提出了一个理论假设：市民参与度的增加有助于提高市民对政府的满意度和公共服务质量。他通过分析市民文化对英国 2002—2004 年公共服务失败率的影响，来对此假设进行验证[1]。分析发现，低水平的政治参与、利己主义党派文化、较低的人际信任、集体交流不足都可能会导致公共服务的失败，可见市民参与对公服务存在正反两方面的影响，市民的参与度提高并不一定能改善公共服务。M. Dedova 以美国彼得斯堡每年举行的"博物馆之夜"活动为例，对公共文化服务的管理进行了研究。该研究分多个阶段，从公共文化活动参与者（公众）和公共文化活动组织者（博物馆）两个角度对这一大型公共文化活动的发展进行分析[2]。研究发现，公共文化服务机构采用创造性的方法来吸引公众，能提高公众的参与度和满意度，因此研究者提出了一系列促进公共文化服务发展的建议。M. J. Lynch 对公共图书馆向成人提供教育服务、娱乐服务和文化服务的情况进行了调查和研究[3]。

Y. Chang 等人认为农村公共文化服务的均等化对于当地农民有着重要意义，均等化可以保障农民的文化权利并促进先进文化在农村地区的发展[4]。他提出应从三个维度（财政投入、农民需求、政府职责）来促进农村公共文化服务均等化，包括保障农民的基本文化权利、更新社会发展理念、地方政府职能转型等途径。R. Huang 等人[5]对农村公共文化服务的影

---

[1] Andrews R. Civic culture and public service failure: an empirical exploration[J]. Urban studies, 2007, 44(4): 845-863.

[2] Dedova M. Development of public cultural services management: Study of the night of museums [C]//Proceedings of the 17th international conference current trends in public sector research. Brno: Masarykova Univ, 2013: 21-28.

[3] Lynch M J. Educational, cultural, and recreational services of public library for adults[J]. Library Quarterly, 1978, 48(4): 476-487.

[4] Chang Y, Yang S Q. Research on equalization construction of rural public cultural services in harmonious society [C]//Human resources challenge during post gfc period. Marrickville: Aussino acad publ house, 2011: 621-627.

[5] Huang R, Wang J. Regression Analysis Model for Improving Grassroots' Public Cultural Services[C]//2013 International conference on service sciences (ICSS 2013). New York: IEEE, 2013: 134-138.

响因素进行了回归分析,结果显示,社会力量的参与和相关文化产业的发展这两个因素能显著改善公共文化服务,但教育环境与这两个因素呈负相关关系,而当地公共文化服务的经费投入并不能显著提升公共文化服务的质量,因为经费数量太少,以至于难以明显体现其作用。他们建议地方政府要重视公共文化服务,加大政府投入,优化公共资源配置与利用,促进公共文化服务的均等化,提高公共文化服务质量。

R. H. Li 研究了政府公共文化服务体系的保障机制,对公共文化服务体系的主要内容、重要性进行了分析,提出了构建公共文化服务保障机制的总体思路和具体措施[①]。

1.2.2 国内相关研究

从本研究内容所属的学科来看,我国公共文化服务研究主要集中于图书馆情报与文献学、文化学、新闻学与传播学、社会学、管理学、政治学等学科领域,不同的学科领域有各自的研究重点和研究特色。图书馆情报与文献学领域主要以高校图书馆和各级公共图书馆为切入点,探索图书馆在公共文化服务体系建设大潮中的定位、作用、发展途径与服务革新;文化学领域的研究主要从公共文化服务体系的构建模式与创新、文化事业管理体制改革与转型、农村公共文化服务现状调查与分析等方面展开;新闻学与传播学领域主要从广播、电视、数字传媒及其他新媒体的角度探索公共文化服务体系的构建;社会学领域主要从公共文化服务的组织体系、绩效评估、机制创建等方面进行研究;管理学、政治学领域的研究主要从公共文化服务体系的战略重点、政策建议、功能预期、价值取向与路径选择等宏观层面展开。总的来看,研究内容主要集中在公共文化服务基础研究、公共文化服务体系研究、公共文化服务均等化研究、公共文化服务绩效研究、公共文化服务标准化研究等方面。

1) 公共文化服务的基础研究

公共文化服务的基础研究主要关注公共文化服务的概念、内涵、外

---

① Li R H. Study on the guarantee mechanism for the construction of government public culture service system[C]//2013 3rd International conference on education and education management (eem 2013). Newark:Information engineering research inst,2013:127-130.

延、性质和特点。张晓明等人分析了文化的公共性本质，认为公共文化服务产生于市场经济的失灵之处，实行市场经济体制的社会需要开展公共文化服务，以保障公民的基本文化权利①。王大为提出公共文化服务有四个基本特征：公有性、公益性、公众性、共享性②。公有性是公共文化服务的根本属性，公共文化服务资源应为全体公民共有；公益性是指公共文化服务应追求最大的社会效益，不能以盈利为目的；公众性和共享性是指公共文化服务的对象是全体公民，每个公民都应有权利、有均等的机会享受到基本的公共文化服务。因为公共文化服务具备这四个特征，王大为认为必须由政府而非其他任何私人组织来提供公共文化服务，政府对公共文化服务具有不可推卸的责任。

周晓丽等人认为，公共文化服务具有三个方面的积极外部效应，有利于政治意识形态的构建，有利于经济社会的发展，为区域发展提供推动力③。她将公共文化服务分为三种类型：纯公共物品（如街头雕塑、广场音乐会等）、准公共物品（如图书馆、博物馆、公园等）、私有物品（如音像制品、工业产品等）。由于公共文化服务并非纯公益物品，而是有多种属性，为其供给与生产的多样性提供了可能。我国公共文化服务供给制度存在三个弊端：公共部门垄断，效率低下；存在市场准入壁垒，民间资本难以进入公共文化服务领域；存在寻租现象，损害公共福利。在此基础上，她提出了公共文化服务供给的三种模式：权威型供给、商业型供给、志愿型供给。在权威型公共文化服务供给模式中，政府负责制定政策、供应资金、安排生产和组织服务。商业型供给是以非政府机构来作为公共文化服务的生产与提供的主体。志愿型供给模式中，公共文化服务的生产与提供分开，分别由不同主体完成，可以是公共生产市场提供、非公共生产政府提供、非公共生产混合提供或者非公共生产市场提供。上述三种模式都有各自的优势与不足，她提出应建立政府主导、公众参与、引入市场竞争的公共文化服务模式。高喜月认为公共文化服务的公益性决定了供给公

---

① 张晓明,李河.公共文化服务:理论和实践含义的探索[J].出版发行研究,2008(3):5-8.
② 王大为.公共文化服务的基本特征与现代政府的文化责任[J].齐齐哈尔师范高等专科学校学报,2007(3):67-69.
③ 周晓丽,毛寿龙.论我国公共文化服务及其模式选择[J].江苏社会科学,2008(1):90-95.

共文化服务是各级政府必须承担的责任①。他提出了两种公共文化服务的供给模式：中央政府主导模式、地方政府合作模式。

2）公共文化服务体系研究

我国关于公共文化服务体系的研究主要集中于公共文化服务体系的内涵、意义、范围、体制、机制、经验、模式与存在的问题等方面。

韩军提出公共文化服务体系基本框架包括六个部分：政策法规体系、基础设施体系、产品供给体系、人力资源体系、资金投入体系、评价监督体系②。许建业认为政府部门负责对公共文化服务进行组织管理和监督保障，提供适宜的法律、法规和政策支持，宏观调控公共文化资源的配置③；文化事业单位负责生产与提供公共文化产品与服务；非政府组织是公共文化服务的有益补充，是推动公共文化服务社会化和市场化的重要力量；企业具有较强的生产能力和市场竞争力，在特定文化产品、设施的生产上具有一定优势，也是公共文化服务的补充和延伸。政府是公共文化服务的组织者和监督者，后三者是公共文化服务的生产者、提供者和实施者。在此基础上，他引入新公共服务理论，分析了公共文化服务体系的核心理念——以人为本。李少惠提出政府应负责维护文化市场秩序、建立文化法规体系和政策支持体系、制定文化发展规划等④；企业是公共文化服务的延伸与补充，可以承担具体的公共文化产品与服务的生产，满足人民群众多样化的文化需求；非政府组织可以承担原本由政府承担的具体社会管理和公共服务职能，可以优化资源配置，提高管理效率，是对政府和市场之间的补充和平衡；社区是公共文化服务体系构建的基本主体，可以发挥其整合功能、导向功能、传承功能和发展功能。

闫平认为公共文化服务体系有六个基本要素：公共文化政策法规、公共文化基础设施、公共文化组织机构和人才、广大人民群众、公共文化活

---

① 高喜月. 我国公共文化服务供给的主体、特征和路径选择——基于政府间关系[J]. 学理论,2014(16):64-65.
② 韩军. 论公共文化服务体系的构建[J]. 党政干部论坛,2008(1):16-17.
③ 许建业. 公共文化服务体系建构中的图书馆发展路向——兼论新公共服务理论对图书馆事业改革的启示[J]. 国家图书馆学刊,2006(3):44-48.
④ 李少惠. 公共文化服务体系建设的主体构成及其功能分析[J]. 社科纵横,2007(2):37-39.

动的技术方法设备、公共文化事业经费[①]。舒雯提出公共文化服务保障机制主要包括人才保障机制、财政保障机制和制度保障机制[②]。她对国内外公共文化服务的经费来源、人才队伍、服务模式、设施建设进行了比较分析,对浙江省宁波市鄞州区公共文化服务保障机制的建设情况进行了调查,在此基础上提出了促进公共文化服务保障机制建设的建议与措施。

翁列恩等人认为我国的公共文化服务研究在需求反馈的模式构建和制度设计方面还很不完善[③]。陈红燕提出公共文化服务体系建设中主要存在公共文化服务严重不足,优质公共文化产品缺位,社会价值判断标准混乱,文化权利无法有效保障等问题[④]。

刘俊生认为公共文化服务组织体系的发展受到市场、政府、社会、文化服务理念等因素的影响[⑤]。计划经济时期,我国的公共文化服务属于一元化组织体系,政府(包括履行文化职能的相关政府机关和文化事业单位)是提供公共文化服务的主体,可以集中国家资源提供给公共文化服务,但不利于多元文化的形成与发展,公共文化产品种类有限。市场经济时期,公共文化服务组织体系由政府一元体系发展为三元体系——由政府、企业和第三部门共同提供公共文化服务。在此体系下,政府负责制定公共文化服务的相关政策和提供基本公共文化服务,文化企业和第三部门即社会力量则可以提供形式与内容更加灵活多样的公共文化服务,更好地满足公众多元化的精神文化需求。赵迎芳发现国外公共文化服务提供模式主要有三种:以法国、意大利等国为代表的政府主导型,以美国为代表的市场主导型,以英国、澳大利亚等国为代表的政府与非政府组织合作共建型[⑥]。国外普遍将政府作为公共文化服务的责任主体,但公共文化服务的提供主体有多种选择,鼓励企业和私人对公共文化事业的赞助,同时建立较为完善的制度和政策。

---

① 闫平. 试论公共文化服务体系建设[J]. 理论学刊,2007(12):112-116.
② 舒雯. 公共文化服务保障机制建设研究[D]. 杭州:浙江大学,2013.
③ 翁列恩,钱勇晨. 我国公共文化服务需求反馈模式研究[J]. 文化艺术研究,2014(2):20-26.
④ 陈红燕. 公共文化服务体系建设中存在的问题及其对策[J]. 大众文艺,2013(7):270.
⑤ 刘俊生. 公共文化服务组织体系及其变迁研究——从旧思维到新思维的转变[J]. 中国行政管理,2010(1):39-42.
⑥ 赵迎芳. 国外公共文化服务体系建设及其对山东的启示[J]. 东岳论丛,2014(4):185-189.

柯平等人对公共机构在公共文化服务体系建设中的重要性进行了问卷调查[①]。调查结果显示，重要性从高到低依次为政府、文化部、图书馆、档案馆等。政府部门在公共文化服务体系建设中的引导、推动作用已得到广泛认可，图书馆的重要性同样也受到了一定程度的重视。王彩云提出高校图书馆也是公共文化服务体系中的重要部分，应积极融入公共文化服务体系的建设中[②]。她认为高校图书馆在公共文化服务中具有专业特色的文献资源、高素质的人力资源、丰富的设备资源等优势，应转变观念，主动服务，配合图书馆行业协会，结合自身特点开展多元化的公共文化服务，建设公共文化信息资源平台。

3）公共文化服务绩效评估

公共文化服务评估对于公共文化服务质量的提高有着重要作用，有利于加强公共文化服务体系建设的计划性、科学性和有效性[③]。闫平提出公共性是服务型政府的基本特征，也是文化和公共文化服务的基本属性之一，政府在建设和完善公共文化服务体系的过程中，应承担相应的责任与职能，制定文化发展的战略、规划和政策，提供经济支撑，对公共文化服务的主体进行绩效评估，制定和维护文化秩序与良好的文化生态环境[④]。

胡税根等人在综合"投入-过程-产出-成果"模型、"4E"评价模型（经济性、效率性、效益性）及360度评价评价模型的基础上，提出了省级文化行政部门公共文化服务绩效评估模型[⑤]。该模型包括4个评价主体（第三方机构、上级行政主管部门、直属公共文化机构以及公众）、4个评价维度（公共文化服务的投入、过程、产出、效果）和4个评价标准（经济性、效率性、效益性和公平性）。在此模型的基础上他们制定了相应的指标体系和权重——4个一级指标（4个评价维度）、11个二级指标（指向

---

① 柯平,洪秋兰,孙情情.公共文化服务体系中的图书馆与社会合作实证研究[J].图书情报工作,2009(17):8-12.
② 王彩云.论高校图书馆与公共文化服务体系的构建[J].图书馆工作与研究,2010(1):26-29.
③ 李宁.农村公共文化服务绩效评估机制构建研究[J].宁夏大学学报（人文社会科学版）,2009(6):181-184.
④ 闫平.服务型政府的公共性特征与公共文化服务体系建设[J].理论学刊,2008(12):90-93.
⑤ 胡税根,李幼芸.省级文化行政部门公共文化服务绩效评估研究[J].中共浙江省委党校学报,2015(1):26-31.

省级文化行政部门公共文化服务的职能与目标)、57 项 3 级指标(涵盖公共文化服务的具体工作与反馈)。

薛艳借鉴美国顾客满意度指数(ACSI)模型,将顾客满意度的测评方法引入到公共文化服务的绩效评估中,构建了公共文化服务公众满意度模型[①]。并在此模型的基础上提出了公共文化服务公众满意度的三级指标体系,并应用这套指标体系对江苏省苏州市沧浪区公共文化服务的公众满意度情况进行了测评。朱艳鑫等人[②]用数据资料包络分析法(DEA),对我国 31 个省、自治区、直辖市的公共文化服务绩效进行了评价。他选择公共文化服务机构数(艺术表演团体、图书馆、博物馆、文化馆(站)数之和)、公共文化服务机构从业人数、我国人均文化事业费作为投入指标,文化活动人次和文化活动场次作为产出指标,以《中国文化文物统计年鉴 2011》作为各项指标的数据来源进行分析。结果显示公共文化服务效率的地域特征明显,西部地区公共文化规模效率较低,演出场次偏少导致部分东部地区效率低下。贺瑀利用离散系数法、相关系数法建立一个公共文化服务评价模型[③]。他用该模型与其他方法进行比较后,发现多层次灰色关联综合评价模型是一种更合适的综合评价方法。

余君萍综合运用文献调研、问卷调查、定性分析等方法,探讨了农村公共文化服务绩效评估的多元主体并提出了绩效评估的三级指标体系[④]。而且她也借鉴 ACSI 模型构建了农村公共文化服务满意度测评模型。陈红宇提出了公共文化服务绩效评估指标体系,对内蒙古牧区公共文化服务的绩效进行评估[⑤]。王洛忠等人提出了基本公共文化服务发展指数和基尼系数的计算方法,并构建了相应的指标体系[⑥]。他们从投入与产出两个方面来设计基本公共文化服务的发展指数指标体系,实证分析发现我国各地区

---

① 薛艳.公共文化服务绩效评估研究——以沧浪区为例[J].中外企业家,2014(19):60-62.
② 朱艳鑫,赵立波.公共文化服务绩效评价:基于 DEA 的实证研究[J].山东行政学院学报,2013(1):33-38.
③ 贺瑀.公共文化服务评估统计指标体系研究[D].昆明:云南财经大学,2013.
④ 余君萍.公共治理视野下我国农村公共文化服务绩效评估研究[D].兰州:兰州大学,2010.
⑤ 陈红宇.内蒙古农村牧区公共文化服务绩效评估研究[J].内蒙古科技与经济,2012(24):3-5.
⑥ 王洛忠,李帆.我国基本公共文化服务:指标体系构建与地区差距测量[J].经济社会体制比较,2013(1):184-195.

间基本公共文化服务明显不均等,东部地区的不均等情况比中西部地区更为严重。蒋名未以博物馆为切入点来研究我国的公共文化服务绩效评估,他以 4E 原则(经济 Economy、效率 Efficiency、效果 Effectiveness、公平 Equity)为指导,从基本建设、预算投入、运行机制、社会参与、用户评价这 5 个维度构建了博物馆服务的绩效评估指标[①]。蒋建梅认为公共文化服务应具有公益性、公平性、广泛性、便利性、基本性、长久性的特征,是保障公民文化权利的主要途径[②]。

4) 公共文化服务均等化研究

党的十七届六中全会提出要努力实现基本公共文化服务均等化。党的十八届三中全会也明确提出关于促进基本公共文化服务均等化的意见,公共文化服务均等化已成为政府和学术界共同关注的热点。

常修泽[③]认为实现基本公共文化服务均等化是缓和当时社会矛盾(城乡发展不平衡、区域发展不平衡、人民群众日益增长的物质文化需要与落后的社会生产力之间的矛盾)的现实需要,同时也是世界各国社会政策发展的重要趋势。应建立公共财政制度、改革收入分配制度、协调城乡发展制度、建立服务型政府,以保障基本公共文化服务均等化的实现。项继权提出了两种公共服务的范围划分标准,一种标准认为,凡是满足公共需求、具有"公共物品"性质的产品和服务都属于政府公共服务的范围;另一种标准认为,凡是有公众需求,而市场难以有效供给的产品,都属于政府公共服务的范围[④]。他提出基本公共服务的均等化主要体现在四个方面:结果平等、起点或机会平等、能力平等、需求平等,均等化的目标是保证全体公民生存与发展的起点公平,有普遍平等的基本权利和基础性的服务均等。而当前我国公共服务的非均等性主要表现在三个方面:资源占有不均、服务消费不均、城乡服务体制二元化,应构建基本公共服务财政投入保障机制来实现基本公共服务的均等化。

---

① 蒋名未. 中国公共文化服务绩效评估研究[D]. 北京:中国社会科学院研究生院,2010.
② 蒋建梅. 政府公共文化服务体系绩效评价研究[J]. 上海行政学院学报,2008(4):60-65.
③ 常修泽. 中国现阶段基本公共服务均等化研究[J]. 中共天津市委党校学报,2007(2):66-71.
④ 项继权. 基本公共服务均等化:政策目标与制度保障[J]. 华中师范大学学报(人文社会科学版),2008(1):2-9.

陈彪构建了基本公共文化服务均等化的评估模型以及相应的评估指标体系，评估指标体系以政府的基本公共文化服务能力（资源投入、资源整合、创新能力、动员能力）及运作效率（服务规模、服务质量、公平性、可持续性）为重点[①]。他通过文献调研、数据搜寻和问卷调查等方式，应用该模型和指标体系对浙江省11个城市的基本公共文化均等化现状进行了评估，并根据评估结果分析了公共文化服务不均等的原因，进而提出了相应的对策建议。于萍从两个角度对四川省公共文化服务均等化情况进行研究[②]。横向上，她将四川省与浙江省的公共文化服务均等化情况进行对比，发现四川省的均等化程度相对较低，还处于均等化的起步阶段；纵向上，她对四川省2007年和2009年的公共文化服务均等化情况进行对比，发现两年间四川省基本公共文化服务均等化水平有所提高，但是地区差异呈现扩大的趋势。

5）公共文化服务标准化研究

《全国服务业标准2009年—2013年发展规划》从标准类别和服务领域两个维度构建了服务业标准体系框架[③]。在标准类别维度上，将服务标准体系划分为基础标准子体系、服务/提供标准子体系、支撑技术标准子体系；在服务领域维度上，将服务业划分为包括"文化、体育业"在内的18个行业。文化、体育业作为服务业标准化的13个重点领域之一，2009—2013年计划制定的标准数量占全国的34%，是所占比重最大的服务业领域。国家明确提出要促进基本公共文化服务标准化、均等化[④]。

张宏伟等人将满足人民群众特定文化需求的程度作为衡量公共文化产品与服务质量的依据，从内容层面上对公共文化服务的质量进行分析[⑤]。他们提出了公共文化服务的三个质量标准：政治标准、艺术标准和商业标

[①] 陈彪. 浙江省基本公共文化服务均等化研究[D]. 杭州：浙江大学，2009.
[②] 于萍. 四川省基本公共文化服务均等化问题研究[D]. 杭州：浙江大学，2011.
[③] 李涵. 解读《全国服务业标准2009年—2013年发展规划》[J]. 标准生活，2009(11)：23-25.
[④] 袁永红. 刘奇葆在我区调研时强调促进基本公共文化服务标准化均等化[J]. 内蒙古宣传思想文化工作，2014(7)：2.
[⑤] 张宏伟，宋建武. 公共文化产品的质量标准和控制机制研究[J]. 四川大学学报（哲学社会科学版），2012(1)：139-144.

准——政治标准是明确为谁服务的问题,体现社会价值观;艺术标准是解决艺术审美问题,满足人们的文化需求与偏好;商业标准是从适应度、效果评价、效率与效益等方面对公共文化服务提出要求。他们将公共文化服务产品分为三种类型:信息型、知识型和娱乐型,并分别提出了三类公共文化产品的政治标准、艺术标准和商业标准的指标体系。在此基础上,他们提出了公共文化产品的质量控制机制。朱海闵认为基本公共文化服务标准化的主体框架包括四个方面:政府保障的标准化,明确政府部门的职责和投入标准;设施建设的标准化,明确基本公共文化设施的建筑规模、建筑质量、馆舍功能等问题;服务管理的标准化,规范公共文化服务提供单位的内部管理与运行机制;考核评估的标准化,保障公共文化服务的科学性、公平性和激励性①。

崔秀英等人对海拉尔区建立现代公共文化服务体系的发展情况进行了调查,对主要成效、存在的问题进行了分析,并提出了完善现代公共文化服务标准化、均等化的措施与建议。该研究虽然并未涉及公共文化服务标准化的具体情况,但公共文化服务标准化的导向已非常明确②。阮可介绍了浙江省公共文化服务标准化、均等化的实践和成效,包括规范文化先进县评选标准、规范乡镇文化站等级评估标准、规范公共文化服务考核奖励标准、量化公共文化服务机构专业技术职称评审评价标准③。他在总结出各国公共服务四种模式的基础上,提出应采取最低公益模式作为我国的基本公共文化服务模式。即由国家确立一个基本公共文化服务的最低标准,各省、自治区、直辖市按照国家最低标准来实施,并根据当地社会经济水平决定是否实行更高标准。

胡税根等人对浙江省公共文化服务标准化的相关政策与实践进行了调研,发现浙江省已在公共文化财政保障标准、公共文化基础设施标准、公共文化人才队伍标准、公共文化共享工程标准、基层公共文化服务标准等

---

① 朱海闵.基本公共文化服务标准化均等化研究[J].文化艺术研究,2014(1):9-14.
② 崔秀英,李文霞.大力推动公共文化服务标准化、均等化建设——关于海拉尔区建立现代公共文化服务体系的调查[J].内蒙古宣传思想文化工作,2014(10):39-42.
③ 阮可.公共文化服务标准化均等化的实践与思考——基于浙江的视角[J].上海文化,2014(2):83-88.

方面进行了大量的实践，取得了一定的成效①。而浙江省公共文化服务标准化存在的问题主要在于各地市间发展不均，缺乏省内统一标准，公共文化服务标准化的运行机制有待完善，标准化水平有待提高。

公共文化服务基础研究、公共文化服务体系研究、公共文化服务均等化研究、公共文化服务绩效研究、公共文化服务标准化研究这五部分研究内容存在着一定的内在联系。公共文化服务基础研究探索公共文化服务的概念、特点和范围，公共文化服务均等化是国家的政策导向和研究的新热点、新趋势，公共文化服务绩效评估是实现科学管理的基础，公共文化服务体系研究是上述研究的综合、扩展与升华。其中公共文化服务均等化研究、公共文化服务绩效研究的突破都有赖于公共文化服务标准化研究的发展深化。建立公共文化服务标准体系可以清晰地界定公共文化服务的范围，不仅有利于合理配置公共服务资源，为公共文化服务体系的发展完善提供坚实基础，也是衡量、监管、评估、考核公共文化服务水平的科学依据，同时还能为实现公共文化服务均等化提供有效途径。

1.2.3 以往研究的不足

随着公共文化服务相关政策法规的不断发展完善和学术界研究的深入，公共文化服务的理论与实践不断发展深化，取得了较多的研究成果。但以往的研究还存在以下几个方面的问题：

（1）对公共文化服务的定义已经基本达成共识，但公共文化服务的范围及其动态调整变化机制并未完全明确。我国尚未制定统一的标准来判断哪些服务属于公共文化服务的范畴，更未建立公共文化服务动态调整机制，而是根据政府的公共文化服务提供能力和社会实际需求的发展变化来及时扩大公共文化服务的范围。随着文化产业的繁荣发展和公众精神文化需求的不断提高，公共文化服务的内涵与外延必将不断动态变化，需要研究者的密切关注。

（2）公共文化服务绩效评估缺乏统一的标准。以往的研究中引入了大

---

① 胡税根,吴芸芸,翁列恩. 浙江省公共文化服务标准化发展研究[J]. 文化艺术研究,2014(01):1-8.

量经济学、管理学领域的方法来对公共文化服务的绩效进行评估，但却未能建立统一的评估标准。以往研究中提出了多种多样的指标体系，但由于缺乏系统性，难以对公共文化服务的范围做统一界定，评价主体、评价对象也未统一。只有制定统一的公共文化服务标准体系，才能为公共文化服务的绩效评估和科学决策提供基础和依据。

（3）缺少对国外公共文化服务标准化情况的调查与分析。以往的公共文化服务研究以理论探讨、宏观分析、现状描述与经验总结居多，对国外公共文化服务标准化情况关注较少。美国、英国、法国等发达国家的标准化进程起步较早，对国际标准化事业中有着重要影响力。对国外公共文化服务标准化机制和标准体系进行调研和对比分析，可以为我国公共文化服务标准的制定、推广提供良好的参考借鉴，有利于提高我国在世界范围内的文化软实力和标准的国际化水平。

（4）研究中亟待引入标准科学领域的原理与方法。以往的很多研究并未准确把握公共文化服务标准化的内涵，也未引入标准科学的原理与方法进行研究。在标准化研究领域，标准的制定、修订、监督、实施等问题是研究的核心，但公共文化服务标准化研究中却较少涉及这些问题。标准化对公共文化服务质量提高有着怎样的作用机制？应制定哪些标准对公共文化服务进行统一和规范？我国已经制定了哪些相关标准？如何评价公共文化服务标准的综合贡献？这些问题都是公共文化服务标准化研究必须解决而尚未解决的核心问题。而标准科学领域正在成为一门成熟的学科，已经拥有了较为公认的原理与方法，对于研究上述问题有着重要的指导作用。

1.3 研究思路与方法

1.3.1 研究思路

本书内容共分8章，按照提出问题、分析问题、解决问题的思路展开，各章主要内容及章节间的逻辑关系见图1-1。

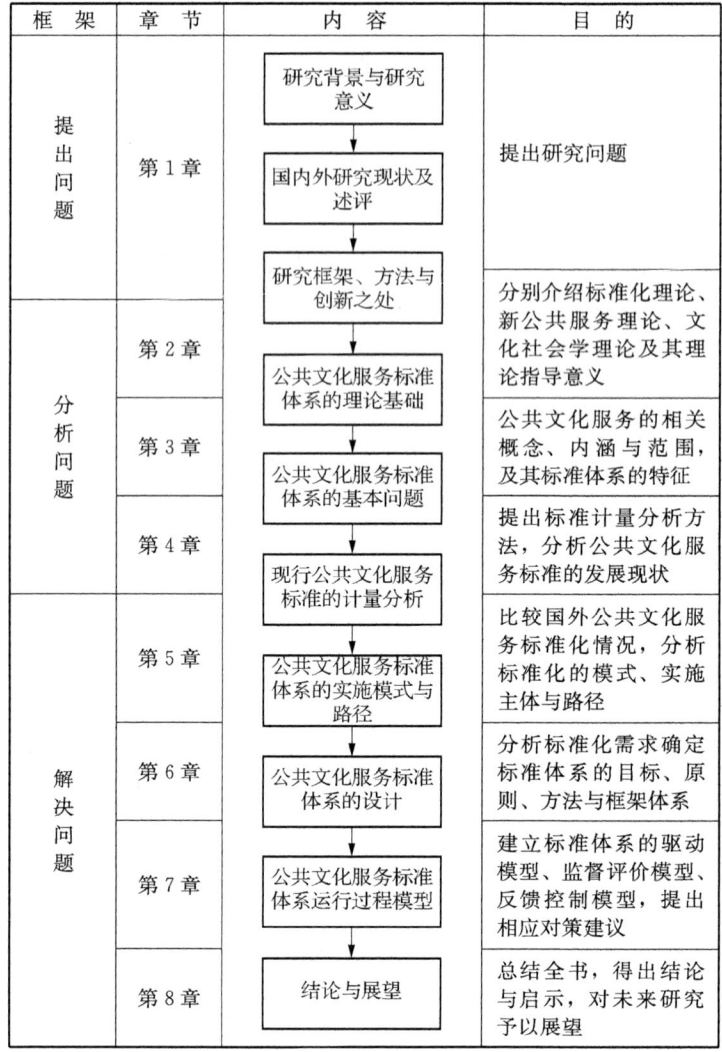

图 1-1 本书研究思路

（图片来源：笔者自绘）

1.3.2 研究方法

本书采用的研究方法主要有以下几种：

1）文献调研方法

利用文献调研法完成前期知识积累，对目前国内外研究现状与不足进行调研、梳理和分析。同时搜集、整理、阅读大量相关标准文献、法规，形成对公共文化服务标准化的科学认识。

2）系统分析方法

本书把公共文化服务看作一个系统，对其基本要素及其相互联系，以及标准化需求进行分析。然后以标准体系的整体效益为目标，从系统的角度来设计公共文化服务标准体系。

3）信息计量分析方法

引入关键词共现分析、作者合作网络分析、引文分析等信息计量方法，对现行的公共文化服务国家标准和行业标准进行分析，挖掘现行标准的外部特征及内容特征，对公共文化服务标准进行知识网络分析，为设计完善的公共文化服务标准体系提供依据。

4）模型分析方法

本书通过对公共文化服务标准化的三个基本子过程进行模型分析，提出了公共文化服务标准体系的驱动模型、监督评价模型和反馈控制模型，并在此基础上构建公共文化服务标准体系的整体运行过程模型，同时进一步用简明的运行过程模型来指导复杂的公共文化服务标准体系的宏观管理，并提出相应的对策建议。

1.4 创新之处

本书的创新之处包括以下三个方面：

1）理论创新，设计了公共文化服务标准体系

目前我国只有数量较少的分散、孤立制定的公共文化服务标准，各标准的目的、功能、范围缺乏整体设计和内在联系，无法形成协调有序的标准体系，无法为公共文化服务体系的建设提供系统全面的技术支撑。本书对公共文化服务的要素进行系统分析，在明确公共文化服务的标准化需求以及标准化对象之间的逻辑关联的基础上，提出了设计公共文化服务标准体系的目标、原则与方法，从不同的维度分层展开各要素的标准框架结构，设计出协调有序、系统全面的公共文化服务标准体系。

2）方法创新，将信息计量分析方法移植到标准研究中，进行标准计量分析

本书将信息计量分析方法应用到对现行公共文化服务标准的分析中，构建了标准起草人合作网络、标准引用网络、标准关键词共现网络，应用网络科学的指标对上述标准知识网络进行了分析。信息计量分析方法已经被应用到对文献、网络资源和专利的分析和评价中，但尚未见有研究对标准进行信息计量分析。标准计量分析既是对信息计量研究对象的拓展，又是对标准科学研究的方法创新。对公共文化服务标准的计量分析预示了该方法在标准的科学评价、标准知识网络的构建、标准信息资源组织与检索中的广阔应用前景，同时也提供了信息计量学与标准科学进行学科交叉融合的有效途径。

3）应用创新，提出了公共文化服务标准体系的运行过程模型

对公共文化服务标准体系的运行进行宏观管理是保障标准化效果的重要环节，本书从公共文化服务标准化的三个基本子过程入手，提出了公共文化服务标准体系的驱动模型、监督评价模型和反馈控制模型，并揭示了三者之间的相互关系。三个子过程模型的有机结合共同构成了公共文化服务标准体系的运行过程模型，可为公共文化服务标准体系的持续作用和结构优化提供依据，促进公共文化服务标准体系的不断发展与完善。

2 公共文化服务标准体系的理论基础

公共文化服务标准体系的制定与实施能提高公共文化服务质量，促进文化与科技的结合，推动公共文化服务体系的规范发展和公共文化服务均等化的实现。标准化理论、新公共服务理论、文化社会学理论为我们探索公共文化服务标准体系提供了很好的借鉴和理论支撑。

2.1 标准化理论

标准化理论是人们从事标准化实践活动的科学总结和概括，它来源于各个行业领域的标准化实践，并接受实践的检验，反过来又作用于实践，指导人们的标准化活动[①]。标准化理论的内涵很广，标准化的客观规律、标准系统的构成要素和运行规律、标准系统的外部联系、标准化活动的科学管理等都属于标准化理论关注的范畴。以标准化理论为指导，可以帮助我们更深刻地认识公共文化服务标准和标准化过程的本质，为公共文化服务标准体系的构建、修订与实施提供理论基础。

2.1.1 标准与标准化

1) 标准

标准化理论首先提供了对标准的科学认识。国际上影响力较大、代表性较强的定义有盖拉德在1934年的著作中的定义、桑德斯在1972年的著

---

① 李春田. 标准化概论(第六版)[M]. 北京:中国人民大学出版社,2014:11.

作中的定义、国际标准化组织（ISO）的标准化原理委员会（STACO）在1996年的定义①。我国是ISO和国际电工委员会（IEC）的正式成员，2002年在修改采用ISO/IEC指南2的基础上，对标准的定义为："为了在一定范围内获得最佳秩序，经协商一致制定并由公认机构批准，共同使用的和重复使用的一种规范性文件。"②

2）标准化

在标准化事业不断发展的过程中，国内外的学者也从不同角度对"标准化"进行了定义。国际上较有影响力的分别是桑德斯定义和ISO、IEC联合发布的定义③。我国国家标准中对标准化的定义是："为了在一定范围内获得最佳秩序，对现实问题或潜在问题制定共同使用和重复使用的条款的活动。"④ 随着全球经济、技术格局和标准化事业的飞速发展，标准和标准化也不断被赋予新的内涵。各国可能会对标准和标准化作出新的定义，但标准和标准化的本质特征在一定时期内会保持稳定。

2.1.2　标准化的基本原理

国内外标准化专家在对大量标准化实践进行研究的基础上，总结出了标准化的一系列基本原理。桑德斯围绕标准化的目的、作用和过程（制定、实施与修订）提出了"七项原理"⑤⑥。松浦四郎把"熵"的概念引入到标准化领域，提出了标准化的"十九项原理"⑦。

李春田是我国著名的标准化专家，他用系统论的观点来看待标准，提出了对标准系统进行宏观管理的四个原理：系统效应原理、结构优化原理、有序原理、反馈控制原理⑧。系统效应原理是指标准系统的效应从组

---

① 洪生伟. 标准化管理[M]. 北京：中国标准出版社，2012：27.
② 中国标准化研究院. GB/T 20000.1-2002 标准化工作指南 第1部分：标准化和相关活动的通用词汇[S]. 北京：中国标准出版社，2002.
③ 洪生伟. 标准化管理[M]. 北京：中国标准出版社，2012：23.
④ 中国标准化研究院. GB/T 20000.1-2002 标准化工作指南 第1部分：标准化和相关活动的通用词汇[S]. 北京：中国标准出版社，2002.
⑤ 舒辉. 标准化理论与实务[M]. 北京：经济管理出版社，2000：36.
⑥ 桑得斯. 标准化的目的与原理[M]. 中国科技情报所，译. 北京：科学技术文献出版社，1974.
⑦ 松浦四郎. 工业标准化原理[M]. 熊国凤，薄国华，译. 北京：技术标准出版社，1981.
⑧ 李春田. 标准化概论（第四版）[M]. 北京：中国人民大学出版社，2005：67.

成该系统的标准集合中得到,并且超过了其中所有单个标准的个体效应的总和。结构优化原理是指标准系统的结构与其功能密切相关,只有经过优化的系统结构,才能使标准系统发挥较好的系统效应。有序原理亦可称为熵减少原理,是指标准系统需要及时减少熵或者增加负熵,才能使标准系统不断向较高有序状态发展。反馈控制原理是指标准系统通过反馈控制机制来实现系统的发展与演化,系统的反馈控制能力决定了系统的发展状态。这四个原理并非孤立地存在和发挥作用,而是互相依存、互相联系,构成一个理论整体。我国学者舒辉对国内外标准化原理的代表性研究成果进行回顾后,将标准化原理总结为:经过协调,使标准化对象达到最佳状态的统一①。

2.1.3 标准化的过程

每一项标准化活动,从实践经验的总结,到经验的科学化、规范化和普及化(即标准的制定、实施与推广),实质上都是一个"将输入转化为输出"的活动过程。标准化由最重要的三个活动子过程组成:标准的制定、标准的实施、标准实施的信息反馈②(见图2-1)。标准产生的子过程就是制定标准的过程,即将实践经验和科研成果进行提炼和总结,并将其规范化。标准的实施子过程将标准所承载的信息传递到生产、服务与管理等实践中,指导实践活动按标准正确地进行。信息反馈子过程是收集、分析标准实施过程中的问题,并将有关信息及时反馈给相关组织,以便及时采取优化措施。这三个子过程是标准化过程中最基本的结构要素,每个子过程又包括由更具体的活动组成的子过程。

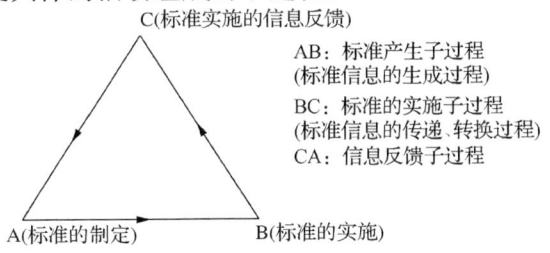

图2-1 标准化基本过程模式(标准化三角形)
(图片来源:李春田《标准化概论(第六版)》)

---

① 舒辉. 标准化理论与实务[M]. 北京:经济管理出版社,2000:53.
② 李春田. 标准化概论(第六版)[M]. 北京:中国人民大学出版社,2014:38.

2.1.4 指导意义

标准化理论可以为准确把握公共文化服务标准、标准化,及其过程管理提供依据。

1)公共文化服务标准的特征

依据国内外对标准的定义和公共文化服务的特点,可以归纳出公共文化服务标准的几个重要特征:一是制定标准的出发点是在公共文化服务中获得最佳秩序和效益;二是制定标准的依据是与公共文化服务相关的先进科学技术、研究成果和实践经验;三是标准化的对象应为重复性的产品、过程或服务,根据这些对象才能制定相应的公共文化服务标准重复使用;四是公共文化服务标准需由公认的权威机构批准和发布;五是公共文化服务标准属于规范性文件。

2)公共文化服务标准化的特点

依据标准化的概念和公共文化服务的特点,可以归纳出公共文化服务标准化的以下基本特征:首先,公共文化服务标准化是一个活动过程,包括标准的制定、实施和修订等多个阶段,而且这些阶段通过不断循环,螺旋上升,进而提高标准化的水平。其次,公共文化服务标准化的意义在于为达到预期目的,改进产品、过程或服务的适用性。最后,公共文化服务标准化的结果就是在面向公众的服务中建立一种秩序和规范[①]。

3)公共文化服务标准化的过程管理

公共文化服务标准化是一个复杂的过程,公共文化服务标准体系的制定、实施会受到多个环节、多种因素的影响。对公共文化服务标准体系进行科学管理,以确保其持续发挥系统效应是公共文化服务标准化的关键问题。标准化的基本过程模式为公共文化服务标准体系的科学管理提供了思维框架。针对公共文化服务标准化的三个基本子过程,制定相应的管理措施,能及时发现公共文化服务标准体系实施中的不良反应,为标准体系的调整与优化提供依据。桑德斯的"七项原理"、松浦四郎的"十九项原理"、

---

① 李春田. 标准化概论(第五版)[M]. 北京:中国人民大学出版社,2010:13.

李春田的标准系统管理原理等是标准化学科领域的理论基石，可为公共文化服务标准体系的构建、实施与管理提供理论依据。

2.2 新公共服务理论

2.2.1 基本内涵

新公共服务理论主要由美国 Robert B. Denhardt 夫妇提出[①]。新公共服务理论的基本内涵如下：

① 服务而非掌舵。政府的核心职能与私营企业、非营利组织一起，为公共问题寻找解决办法，为促进公共问题的协商解决提供便利。政府的角色应从控制者向服务者转变。② 公共利益是目标而非副产品。政府在制定社会远景目标的过程中，应建立集体的、共享的公共利益观念。通过广泛的公众对话和协商过程，建立具有广泛基础的社会远景目标。③ 战略地思考，民主地行动。吸引社会各方力量来主动实施计划，而非仅仅依靠政府力量来执行。④ 服务于公民而不是顾客。公共人员回应的是公民需求而非仅仅是顾客[②]。⑤ 政府职责的复合性与多元化。民主公民权和公共利益是政府职责的基础和目的。政府责任是复合性和多元化的，除了法律和政治责任外，政府应承担起一系列的专业责任和民主责任，关注社会价值观、职业标准和公民利益。⑥ 重视人而不只是生产率。更加关注人的高层次精神、心理需求，如尊重、包容、信任等[③]。⑦ 重视公民权和公共服务。新公共服务理论认为政府为公民所有，公共资源的真正所有者是全体公民。当今社会生活的复杂性使得"掌舵者"式的政府官员角色难以为继，而应充分尊重公民的权利并给予公民参与公共政策制定的自由。政府应该鼓励公民积极参与政策的制定和执行的过程。

---

① Denhardt R B, Denhardt J V. The new public service: Serving rather than steering[J]. Public administration review, 2000, 60(6):549-559.
② 李治. 从新公共管理到新公共服务的理论发展[J]. 湖北社会科学, 2008(5):28-32.
③ 吴传龙. 新公共服务理论及其对我国服务型政府建设的启示[D]. 济南:山东大学, 2012.

2.2.2 指导意义

新公共服务理论对民主公民权的重视、对公共服务与公共利益的强调、对社会价值的关注、对政府职能的重新定位等方面，都为公共文化服务标准体系的制定与实施提供了很好的借鉴和理论支撑。公共文化服务标准体系的制定与实施过程中，应注重以下方面：① 政府应为公共文化服务标准的制定与实施提供良好的政策法规环境；② 应鼓励社会各界力量参与公共文化服务标准的制定；③ 公共文化服务标准的制定应以人为本，体现公众的文化需求，保障公众的文化权利；④ 公共文化服务标准的目标应为实现公共利益，创造社会效益；⑤ 公共文化服务标准的实施需要政府和社会各界力量共同参与、共同监督。

2.3 文化社会学理论

2.3.1 基本内涵

文化社会学是一种专门的社会学理论，它研究文化在社会中发挥作用的规律性，是研究文化产生、发展特殊规律与社会作用的一门学科[①]。文化社会学不仅关注文化在社会中的地位和作用，还研究社会和社会人口群体的文化活动、文化水平及这些人口群体的文化需求，因而，对于公共文化服务标准体系的制定有着重要的指导意义。

文化社会学是社会学的分支，最早由德国社会学家巴德于 1897 年提出[②]。早期的文化社会学研究者多来自德国、法国、英国等国。Lawrence 认为文化研究应当深入到生活与消费中去[③]。齐美尔强调文化对于社会发展

---

① 谢志强. 文化社会学[J]. 现代外国哲学社会科学文摘,1986(5):44-45.
② 司马云杰. 文化社会学[M]. 北京:中国社会科学出版社,2007:19.
③ Lawrence G. Bringing it all back home: Essays on cultural studies[M]. Durham: Duke University Press, 1997:4.

的意义，绝不亚于经济①，Scaff 对齐美尔的研究成果进行了总结②。Fuente 指出日常生活正在审美化，审美活动渗透到大众的日常生活中因而超出了艺术的范围，导致了社会组织结构的变化③。Megill 也认为现代社会中的审美活动正在向整个现实世界扩展④。Lowenthal 提出文化社会学具有强烈的批判性，因而推动了研究方法的创新⑤。

  文化社会学在发展过程中形成了对文化的本质及社会作用的不同理论观点，大致有以下几种：① 进化论的文化社会学观点：此派观点有将文化与生物进行类比的倾向，认为文化像生物一样，存在着由简单到复杂、由单质到异质的进化过程，文化史就是人类从低级蒙昧的状态向更高级文明状态发展的历史。地理环境对文化的分布有着类似于对动植物分布的影响，工艺和科技的发展是文化进化的基础，其他因素相对次要。② 传播论的文化社会学观点：部分学者从社会因素研究文化的传播，形成了此派观点。他们研究文化传播的过程，把不同地方的相同文化现象解释为传播的结果。他们把文化传播看作是个体交互作用的过程，在现代科学的影响下，愈来愈着重对社会文化结构过程的研究。此派观点对于研究文化的社会功能有着较强的社会学意义。③ 功能论的文化社会学观点：此派观点认为文化的产生是社会功能的需要，维护社会规范就是文化的核心价值。文化是社会结构体系的工具，文化功能的发挥受各种社会结构层次的制约，文化体系不仅决定人的价值观念，也构成人的行为准则。此派学者强调文化模式、社会体系的作用，但忽视了文化的动态演化机制和影响。④ 心理论的文化社会学观点：部分学者用人类心理的发展来解释文化现象的产生及其作用，形成了此派观点。他们从个人心理出发来研究民族文化的特

---

① Swingewood A. Cultural theory and the problem of modernity[M]. London: Macmillan Press, 1998: 23.
② Scaff L A. Weber, Simmel, and the sociology of culture[J]. The Sociological Review, 1988, 36 (1): 1-30.
③ Fuente E. Sociology and aesthetics[J]. European Journal of Social Theory, 2000, 3(2): 235-247.
④ Megill A. Prophets of extremity: Nietzsche, Heidegger, Foucault, Derrida[M]. Berkeley: University of California Press, 1987: 2.
⑤ Lowenthal L. An unmastered past[M]. Berkeley: University of California Press, 1987: 164.

性，根据个体经验总结出民族文化模式。

2.3.2 指导意义

文化独特的社会作用决定了公共文化服务相对于其他公共服务的特殊性。公共文化服务及其标准化的社会需求、社会效益都可以借鉴文化社会学的理论和观点来进行研究。依据进化论的文化社会学观点，文化也有着从低级到高级不断进化的过程，而工艺和科技的发展是推动文化进化的重要因素。当今世界科技发展日新月异，推动着世界范围内的文化快速发展变迁。文化的进化必然带来公众精神文化需求的变化，进而引起公共文化服务标准的变化。公共文化服务标准体系根据实际需求从较低层级发展到较高层级便是一次迁升。只有及时吸收新兴技术并感知文化发展的变迁，促进文化与科技的融合，才能为公共文化服务标准体系的迁升提供持久动力。公共文化服务标准体系的推广就是一个文化传播的过程，依据传播论的文化社会学观点，社会传播是文化发挥影响力的重要方式，传播的结果决定了文化现象的产生。对公共文化服务的需求是公众的主观心理需求，对公共文化服务的满意度也是公众的主观感受。依据心理论的文化社会学观点，可从个体入手来调查、总结公众的公共文化服务需求和满意度，然后指导相应标准的制定。

2.4 本章小结

标准化理论、新公共服务理论、文化社会学理论为我们探索公共文化服务标准体系提供了很好的理论借鉴和理论支撑。以标准化理论为指导，可以帮助我们更深刻地认识公共文化服务标准和标准化过程的本质，为公共文化服务标准体系的构建、修订与实施提供理论基础。新公共服务理论对民主公民权的重视、对于公共服务与公共利益的强调、对社会价值的关注、对政府职能的重新定位等方面，都为公共文化服务标准体系的制定与实施提供了很好的借鉴和理论支撑。公共文化服务及其标准化的社会需求、社会效益都可以借鉴文化社会学的理论和观点来进行研究。

3 公共文化服务标准体系的基本问题研究

3.1 公共文化服务的内涵与范围

3.1.1 公共文化服务的定义

公共服务是公共部门与准公共部门为满足社会公众需要,提供公共产品和准公共产品的服务行为的总称。实现普遍人权是公共服务的价值基础,公民与国家的关系是公共服务的基本依据,以需求促供给是公共服务的现实动因。2003年,十六届三中全会首次明确提出将提供公共服务作为政府职能之一。以政府为代表的公共部门运用公共权力,调动公共资源,面向社会,满足公众特定的、直接的需求,这种提供服务的形态就是公共服务[1]。

将公共服务的定义扩展到公共文化领域,可将公共文化服务的定义表述为:"公共部门为满足社会公众的文化需要,提供公共文化产品的服务行为的总称。"[2] 公共文化服务是文化领域的公共服务,是公共服务的具体形态之一和重要组成部分。2002年党的十六大提出"要加强政府对文化公益事业扶持的力度,为人民群众提供良好的公共文化服务",这是我国政府首次明确将公共文化服务作为文化事业发展的任务。

---

[1] 黄恒学,张勇. 政府基本公共服务标准化研究[M]. 北京:人民出版社,2011:19.
[2] 王全吉,周航. 浙江公共文化服务创新研究[M]. 杭州:浙江大学出版社,2013:5.

3.1.2 公共文化服务的特点

公共文化服务有以下几个特点：① 公共文化服务是公共服务与文化服务的有机关联。② 公共文化服务属于公共物品的范畴，因此公共文化服务也具有公共物品的最根本属性——公共性，即获得公共文化服务的非竞争性和非排他性。但实际生活中往往出现公共文化服务具有弱竞争性或者弱排他性的情况，因此公共文化服务包括公共物品和准公共物品两种类型。③ 公共文化服务的公共性决定了无法由市场自发提供，而是主要由公共部门或准公共部门提供。在我国，公共文化服务主要由各级文化事业单位和相关管理部门来提供和管理协调。文化馆、图书馆、博物馆、美术馆等机构是提供公共文化服务的主体。④ 公共文化服务包括文化产品与文化服务两类形态。文化产品是固化的文化服务，如书籍、报纸等，而文化服务则主要是一种过程，没有实体。

3.1.3 公共文化服务体系的主体

在我国文化体制改革的过程中，公益性文化事业和经营性文化产业的边界逐渐清晰，党的十六大以后，政府文件开始将公益性文化事业表述为"公共文化服务体系"[①]。政府主导、社会参与形成的普及文化知识、传播先进文化、提供精神食粮、满足人民群众文化需求、保障人民群众文化权益的各种公益性文化机构和服务，总称为公共文化服务体系。2005年开始，在我国政府的大力推动下，公共文化服务体系建设得以迅猛发展。我国公共文化服务体系的主体主要包括五个方面：

1) 文化行政部门

文化行政部门是履行公共文化服务职责的政府部门，是公共文化服务体系建设的责任主体。在中央层面，文化部是在国务院领导下管理全国文化艺术事业的职能部门，负责制定文化艺术发展方针政策，起草相关法律法规草案，拟订文化艺术事业发展规划并组织实施，管理全国性重大文

---

① 陈立旭. 公共文化发展模式：市场经济条件下的重构[J]. 江苏行政学院学报，2010(3)：36-41.

活动和公共文化服务。在地方层面，各省、直辖市、自治区也设有文化厅、文化局，负责当地文化事业的发展与管理，落实中央的文化政策、方针与规划。

2）文化事业单位

文化事业单位是提供公共文化服务的主体。例如中国艺术研究院（中国非物质文化遗产保护中心）、中国国家图书馆、故宫博物院、中国国家博物馆、中国文化报社、国家京剧院、中国国家话剧院、中国歌剧舞剧院等，都是文化部的直属事业单位。

3）民间组织

公共文化服务的相关行业协会、专家团体等民间组织也是公共文化服务体系的重要组成部分，可以对公共文化服务进行第三方评价或者直接参与到公共文化服务的过程中来。

4）企业

部分公共文化产品与服务可由企业生产和提供，政府向企业购买后再提供给用户。

5）社会公众

公共文化服务的实际享受者、消费者，理论上包括我国全体公民。

3.1.4 公共文化服务的基本范围

哪些服务属于公共文化服务？公共文化服务的内涵与边界如何界定？目前我国政府和学术界尚未得出统一的结论。

国家统计局制定了《文化及相关产业分类（2012）》标准，为文化及相关产业统计提供统一的定义和范围。该标准把文化生产活动划分为两个部分（文化产品生产、文化相关产品生产）、10个大类、50个中类和120个具体文化活动小类。文化生产活动的10个大类分别是新闻出版发行服务、广播电视电影服务、文化艺术服务、文化信息传输服务、文化创意和设计服务、文化休闲娱乐服务、工艺美术品的生产、文化产品生产的辅助生产、文化用品的生产、文化专用设备的生产。广义地说，这10个大类及其具体小类都应属于公共文化服务的范畴。2018 年 4 月，国家统计局发布《文化及相关产业分类（2018）》标准，该标准在《文化及相关产业分类（2012）》基础上，将原有的定义、分类原则保持不变，新增加了符号文化及相关产业定义的活动小类，重点调整了分类方法和类别结构，以适应当前我国互联网时代文化新业态不断涌现的新形势，满足文化体制改革和文化发展规划的需要。2015 年 1 月，中共中央办公厅、国务院办公厅印发了《关于加快构建现代公共文化服务体系的意见》和《国家基本公共文化服务指导标准（2015—2020 年）》，提出了构建公共文化服务体系的指导思想、基本原则、主要目标和具体措施，并对公共文化服务的项目与内容作出了规定[①]。公共文化服务的基本项目包括以下 7 个方面。

（1）读书看报：主要由公共图书馆、文化馆、社区文化服务中心、公共场所阅报栏或电子阅报屏等提供书刊借阅和信息服务。

（2）收听广播：通过直播卫星、无线模拟和数字音频等方式为全民提供广播节目和突发事件应急广播服务。

（3）观看电视：通过直播卫星、地面数字电视等途径为公民全面提供电视节目。

（4）观赏电影：为农村乡镇群众提供数字电影放映服务，为中小学生提供爱国教育影片放映服务。

（5）送地方戏：采取政府采购的方式，让农村乡镇群众观看戏曲等文艺演出。

（6）设施开放：公共图书馆、文化馆（站）、公共博物馆（非文物建筑及遗址类）、公共美术馆等公共文化设施免费开放，提供健全的基本服务项目。

（7）文体活动：城乡居民依托村（社区）综合文化服务中心、文体广场、公园、健身路径等公共设施就近方便参加各类文体活动，各级文化馆（站）等开展文化艺术知识普及和培训，培养群众健康向上的文艺爱好。

需要说明的是，上述服务项目只是目前国家规定的基本公共文化服务

---

① 新华网.中共中央办公厅、国务院办公厅印发《关于加快构建现代公共文化服务体系的意见》[EB/OL].[2015-01-14].http://news.xinhuanet.com/ttgg/2015-01/14/c_1113996899.htm

项目，随着文化事业的发展和公众精神文化需求的持续高涨，公共文化服务的内涵和外延将不断扩展，服务项目的数量和内容也将更加丰富。

3.2 公共文化服务标准的类型与作用

3.2.1 公共文化服务标准的分类

当今世界各国的标准种类繁多，分类方法各不相同。常见的分类方法有按照标准的适用范围划分、按照标准实施的约束力划分、按照标准的表现形式划分、按照标准化对象的基本属性或类型划分等等。为了对标准文献进行科学有效的管理，便于标准的检索与利用，许多国家编制了专门的标准文献分类法。影响力较大的是国际标准化组织 ISO 编制的《国际标准分类法》(ICS)。ICS 采用的是等级制分类法，ICS 第六版将标准文献分为 41 个大类、392 个二级类、909 个三级类。ICS 的各级类目全部采用阿拉伯数字作为标识符号，大类用 2 位数字表示，二级类用 3 位数字表示，三级类用 2 位数字表示，各级类目间用实心圆点分隔。我国结合具体国情也自行编制了《中国标准文献分类法》(CCS)，简称"中标法"。CCS 的类目设置以专业划分为主，适当结合学科分类，由 24 个一级类目和若干个二级类目组成，一级类目和二级类目间又设置分面标识。类目的标记符号由英文字母与阿拉伯数字组成，英文字母表示一级类目，采用 2 位数字表示二级类。

服务标准是规定服务应满足的要求以确保其适用性的标准，公共文化服务标准属于服务标准的范畴。GB/T 28222-2011《服务标准编制通则》将服务标准划分为 3 种类型：服务基础标准、服务提供标准、服务评价标准[①]。国家标准 GB/T 24421.2-2009《服务业组织标准化工作指南 第 2 部分：标准体系》规定了服务业组织标准体系的术语和定义，以及总体结构与要求[②]。该标准规定服务业组织的标准体系由服务基础标准、服务保障

---

① 全国服务标准化技术委员会.GB/T 28222-2011 服务标准编制通则[S].北京:中国标准出版社，2011.
② 全国服务标准化技术委员会.GB/T 24421.2-2009 服务业组织标准化工作指南 第 2 部分:标准体系[S].北京:中国标准出版社,2009.

标准、服务提供标准三个子体系组成。可见即使在国家标准中，对服务标准的分类也未完全统一。现有的服务标准类型可包括基础标准、通用标准、提供标准、保障标准、评价标准等类型，公共文化服务标准可根据实际需要来进行灵活分类。GB/T 15624-2011《服务标准化工作指南》[①]、GB/T 28222-2011《服务标准编写通则》[②] 等国家标准都对服务标准的制定和起草的基本要求进行了规定。

3.2.2 公共文化服务标准的作用

标准的价值需要在应用中得到体现，公共文化服务标准根据其内容、对象的特点，可以在以下方面发挥作用：

1) 公共文化服务标准作为认证的依据

认证机构依据公共文化服务标准对公共文化服务机构的产品、服务与管理进行合格评定，可以帮助公共文化服务机构建立、健全质量管理体系，为公共文化服务机构树立更高的信誉，同时还能指导社会公众对公共文化服务的选择，增强公众的信任度和满意度。

2) 公共文化服务标准由相关政策法规引用

公共文化服务标准被法律引用后，就具有了强制性，例如卫生、安全方面的标准被法律引用后就需要在公共文化服务过程中强制执行。而且公共文化服务标准也可为政府部门制定相关政策提供依据，例如公共文化服务的投入保障标准、相关设施的建设标准、人员配置标准等都可作为政府管理的准绳。

3) 公共文化服务标准作为政府采购的依据

部分公共文化服务或产品可由企业或者第三方机构提供，由政府进行采购。采购过程中需要有相应的公共文化服务标准对产品或服务的质量进行检测和保障，质量不低于相关标准的产品和服务才能获得政府的委托和采购。

---

① 全国服务标准化技术委员会.GB/T 15624-2011 服务标准化工作指南[S].北京：中国标准出版社，2011.
② 全国服务标准化技术委员会.GB/T 28222-2011 服务标准编写通则[S].北京：中国标准出版社，2011.

4）公共文化服务标准作为质量监督与管理的依据

政府质量技术监督部门、公共文化服务的相关行政主管部门、第三方机构、社会公众都需要有统一的标准对公共文化服务进行评价，对公共文化服务标准的落实情况进行监督，对公共文化服务的评价、监督与管理都需要有相应的标准为依据。

5）公共文化服务机构自愿采用

公共文化服务机构在开展公共文化服务的过程中，对服务的内容、质量、方式、人员资质等进行管理的过程中都可以采用相关公共文化服务标准。公共文化服务标准是当前社会较高的技术成果和管理理念的体现，采用公共文化服务标准可以提高机构的服务质量和服务效率。

总之，公共文化服务标准可以从多个方面来发挥作用，达到提高公共文化服务质量、提高政府行政部门和公共文化服务机构的管理水平、提高公众满意度的目的，使公共文化服务创造更多的经济效益和社会效益。

3.3 公共文化服务标准体系的目标与特征

3.3.1 公共文化服务标准体系的总体目标

通过构建公共文化服务标准体系，找出我国当前公共文化服务标准的空白与不足，弥补文化标准制定修订计划的空缺。通过公共文化服务标准体系需求分析，制定科学全面、系统配套的公共文化服务标准体系框架，促使公共文化服务标准工作不断完善。依据公共文化服务标准体系框架，重新审视现有标准并找出急需制定的标准，尽可能使大多数公共文化服务有标准可循，达到全程管理与科学控制的效果。

3.3.2 公共文化服务标准体系的基本特征

随着标准化事业的发展，标准数量呈爆炸式增长，标准和标准之间开始自发地产生关联，相关标准开始以标准体系的形式来协同发挥作用。越来越多的标准化工作者认识到，任何标准都处于一定的系统之中，它同系统内的各个标准之间以及系统外的相关标准之间都存在着相互联系和制约的关系①。我国2009年发布的国家标准GB/T 13016-2009《标准体系表编制原则和要求》中，对标准体系进行了定义："一定范围内的标准按其内在联系形成的科学的有机整体。"② 公共文化服务标准体系就是在公共文化服务的相关领域内，按标准化对象的内在联系形成的标准系统，其主要特征就是具有结构性和系统性。

结构性体现在标准化对象（产品、过程或服务）内在的层次结构或过程结构会映射到标准上，标准和标准之间按照标准化对象的层次结构或过程结构进行逻辑关联，就会形成标准体系的特定结构。例如，某种公共文化服务设备或产品由一些主要部件组成，各部件又由许多零件组成，每个零件又由多种材料制成，该产品的结构就表现为产品、部件、零件和材料这四个层次。当将这种产品作为标准化对象时，所制定的标准体系也会相应地形成四个层次——产品标准、部件标准、零件标准和材料标准。同理，当把特定过程（例如图书馆读者借还服务）作为标准化对象时，就需要对过程中的各个阶段制定标准，各阶段的标准就会体现出标准体系的过程结构。

公共文化服务标准体系的系统性是指标准体系内各项标准的协调性和相关性，制定或修改其中任何一个标准，都必须考虑到对其他各相关标准的影响，避免标准间的相互矛盾。当标准体系内的各标准相互衔接和配套，而不是单个标准的堆砌时，就能发挥系统效应，实现标准体系的整体目标和作用。

3.4 公共文化服务标准体系的必要性与可行性

3.4.1 公共文化服务标准体系的必要性

1）保障公民文化权利的需要

《世界人权宣言》与《经济、社会及文化权利国际公约》《公民权利和

---

① 舒辉. 标准化理论与实务[M]. 北京：经济管理出版社，2000：30.
② 中国标准化研究院. GB/T 13016-2009 标准体系表编制原则和要求[S]. 北京：中国标准出版社，2009.

政治权利国际公约》及其任择议定书合称"国际人权宪章",是国际人权领域最重要的文书,为保障人民的文化权利提供了法律依据。这三项国际公约都将文化权利作为基本人权之一。我国政府分别于1997年和2001年签署和批准了《经济、社会及文化权利国际公约》,承认了公民的基本文化权利。享受公共文化服务是每个人的基本文化权利,而且各国政府应积极采取措施来保障公民的文化权利,使公民有平等的机会来享受公共文化服务。这是我国政府发展的必然趋势和应尽职责,而标准化就是切实保障公民文化权利的有效措施。有了明确的服务产品标准、服务行为标准和服务技术标准和服务结果标准,才能让公民明确并依法享有自身的文化权利。

2) 文化产业与知识经济的发展需要标准的规范

自改革开放以来,我国经济一直持续高速增长,2010年GDP超过日本,正式成为全球第二大经济体。近两年我国GDP增长速度有所放缓,但增长率仍保持在7%以上。在全面建成小康社会的大背景下,公众的物质生活已得到基本满足,文化消费将成为重要的经济增长点,这就为文化产业的发展带来了良好的契机。文化产业是指从事文化产品生产和提供文化服务的经营性行业。文化产业以文化资源为生产要素进行生产经营,向公众提供文化产品和服务。我国文化产业的范围包括:新闻出版发行、广播电视电影、文化艺术、文化信息传输、文化创意和设计、文化休闲娱乐、工艺美术品生产等。作为21世纪的朝阳产业,文化产业在促进国民经济增长方面起着重要作用。近几年我国文化产业产值以高于20%的速度逐年增长,产业规模、从业人数都快速上升。国家统计局的数据显示,2012年我国文化产业法人单位总数比2010年增加了近10万个,文化产业的从业人数达到211万人,我国文化产业总产值已达到9 100亿元,比当年GDP增长速度快了2.8%[①]。国家对文化产业的投入力度也逐步增强,我国中央财政下拨的2013年度文化产业专项资金达到48亿元,与2012年相比增加了41.18%。

---

① 徐方雅. 我国文化产业的发展现状及发展策略[J]. 中国商贸,2014(14):191-192.

一方面，经济的飞速发展为我国公共文化服务提供了坚实的经济基础，国家越来越有充足的财力来提供公共文化服务；另一方面，文化产业在国民经济中所占的比重也不断增加，文化产品与服务的类型、数量持续增多，国家提供公共文化服务与产品的能力不断加强，质量不断提高。这两方面因素都对公共文化服务的质量提出了更高的要求。标准是提高服务质量、规范文化事业和文化产业发展的重要途径，我国急需尽快制定系统性、集成性和应用性强的公共文化服务标准体系。

3）文化与科技融合的现实需求

以云计算、物联网、移动互联网、大数据、智慧城市为代表的新科技正在对文化需求和文化产品与服务提供方式的革新带来不可估量的影响。通过国家科技计划的支持，我国在文化科技相关领域已经积累了一批技术成果，为我国文化科技全面发展奠定了良好的基础。在公共文化服务中加强新兴科技成果的应用，开展文化艺术、广播影视、网络文化等行业关键设备、集成系统与服务规范的标准研制，一方面可以提高服务质量，另一方面可以促进文化与科技的融合，全面提升我国文化科技创新能力。而要充分发挥新兴科技成果的作用，就必须制定相应的技术应用标准、服务提供规范、设施设备标准，来促进和推广科技成果在公共文化服务中的应用。

4）公共文化服务均等化需要以标准化为基础

"平等""公正"是社会主义核心价值观的重要组成部分，我国公民有权利拥有均等的机会来享有公共文化服务，有权利获得基本相同的服务效果。但由于经济发展、公共资源、人口数量的分布不均，我国公共文化服务存在着城乡差异大、区域发展不均衡的问题。公共文化服务标准化是公共文化服务均等化的有效途径，建立公共文化服务标准体系，有利于公共文化产品与服务的种类、数量、内容、质量的统一，有利于在全国范围内的公民有基本相同的机会获得基本相似的公共文化产品与服务，并得到基本相等的服务效果，促进公共文化服务均等化的实现。

5）孤立的标准难以满足公共文化服务系统发展的需要

我国近年来已陆续制定与发布了公共文化服务的相关标准，如《公共图书馆服务规范》《博物馆服务规范》等，能够对特定种类的公共文化服务起到一定的规范与指导作用。但公共文化服务是一个复杂的系统，有非常丰富的内涵，涉及报纸、书刊、新闻、广播、电影、电视、戏曲以及众多文化娱乐活动。因此，零星、孤立的标准难以对公共文化服务起到明显的推动作用。公共文化服务需要的是一整套科学、系统、完整的标准体系，标准和标准之间相互依赖、相互协同，能发挥出系统效应，才能有效地规范公共文化服务的整体发展。

3.4.2 公共文化服务标准体系的可行性

1) 政府的政策方针为公共文化服务标准化提供依据

在发展和建设公共文化服务体系的过程中，我国政府日益认识到标准化的重要作用，尤其在我国"十二五"期间，不断出台相关政策、文件来促进公共文化服务标准化的发展。标准化是实现公共文化服务均等化、科学化的重要途径，在政府的重视和大力推动下，我国公共文化服务体系的标准化水平不断提高。

2007年7月，文化部提出要加强标准化工作，加强公共文化服务体系的标准化建设，在2020年以前要建立起较为完善的文化标准体系，并要求各地有关部门采取切实措施贯彻执行。2011年12月，国家标准化管理委员会编制了《标准化事业发展"十二五"规划》，提出要"加大社会管理和公共服务标准化力度，按照创新社会管理，推进基本公共服务均等化的要求，大力开展公共文化等领域的标准研究，建立社会管理和公共服务标准体系"[1]。2012年8月，国家标准化管理委员会联合文化部、教育部、国家发展和改革委员会等26个部门，制定并发布了《社会管理和公共服务标准化工作"十二五"行动纲要》（简称《纲要》），要求各地方、部门高度重视社会管理和公共服务标准化工作，以《纲要》为依据推进标准化工作。《纲要》中的社会管理和公共服务标准化工作涉及公共文化体育在内的14个大方面，设置了包括"公共文化服务标准化推进工程"在内的11

---

[1] 中国电子政务网.标准化事业发展"十二五"规划[EB/OL].[2011-12-23]. http://www.e-gov.org.cn/ziliaoku/zhengfuguihua/201203/128316.html

项重大工程,明确提出要"基本建立我国公共文化服务标准体系,有效保障广大人民群众基本文化权益,为推动社会主义文化大发展大繁荣提供技术支撑"。

2013年1月,文化部提出"推进公共文化服务的制度化、标准化和规范化建设,加快制定和完善公益性文化单位服务标准和服务规范,作为各级政府履行公共文化服务职能的规范、面向公众的服务承诺和监管公共文化服务过程的依据,提高公共文化服务的制度化、标准化和规范化水平"。各省、直辖市、自治区的相关部门负责结合实际情况贯彻执行。2013年11月,党的十八届三中全会提出要"促进基本公共文化服务标准化、均等化"[1]。2014年1月,文化部宣布2014年将推进基本公共文化服务标准化、均等化[2]。2014年7月,文化部在全国开展公共文化服务标准化试点工作,并发布了《公共文化服务标准化试点工作方案》,试点工作由文化部和各省(区、市)文化厅(局)共同推动,试点主体以地级市为主。

2015年1月,中共中央办公厅、国务院办公厅印发《关于加快构建现代公共文化服务体系的意见》,确立了《国家基本公共文化服务指导标准(2015—2020年)》,对基本公共文化服务的项目与内容、标准的实施与监测、评价进行了说明,并提出要建立基本公共文化服务标准体系[3]。可见,我国政府近年来非常重视公共文化服务标准化工作,制定公共文化服务标准体系是贯彻政府方针、政策的急切需要。

2)标准科学的原理与方法为公共文化服务标准化提供了理论指导

标准化的基本原理来自长期标准化实践的总结、提炼和升华,对标准化工作起着重要的指导作用。国际标准化组织ISO专门设立了标准化原理研究常设委员会(STACO),世界各国也有众多学者对标准化的基本原理进行研究。在众多标准化原理的研究成果中,较有影响力的是桑德斯的

---

[1] 新华网.授权发布:中共中央关于全面深化改革若干重大问题的决定.[EB/OL].[2013-11-16]. http://www.sn.xinhuanet.com/2013-11/16/c_118166672.htm
[2] 中国广播网.文化部将推进基本公共文化服务标准化、均等化[EB/OL].[2014-01-03]. http://china.cnr.cn/NewsFeeds/201401/t20140103_514565504.shtml
[3] 新华网.中共中央办公厅、国务院办公厅印发《关于加快构建现代公共文化服务体系的意见》[EB/OL].[2015-01-14]. http://news.xinhuanet.com/ttgg/2015-01/14/c_1113996899.htm

"七项原理"和松浦四郎的"十九项原理"以及我国学者李春田提出的"标准系统的管理原理"。这些原理能科学、客观地反映标准化活动的规律，可为公共文化服务标准体系的制定、实施与推广提供理论指导。

标准化的方法是标准化的过程和内容的存在、表现方式。根据标准化目的、对象的不同，标准化会体现出不同的形式和内容。简化是最基本的标准化形式，可用于控制产品种类、原材料、工艺装备、零部件等方面的多样性，从而达到标准化的目的。统一化是把同类事物的多种表现形态归并为一种或限定在一个范围内的标准化形式，其实质是让标准化对象的形式、结构、功能或其他特征具有一致性，并将这种一致性通过标准进行固化。系列化是标准化的高级形式，可将同一系列产品的参数进行系统规划。组合化是按照标准化的原则，编制出一系列通用性较强的单元，根据需要将这些单元组合成不同用途的产品的一种标准化形式。组合化与搭积木的过程类似，因此也有学者将这种形式称为"积木化"。另外还有新兴的综合标准化——运用系统分析方法，建立并实施标准综合体的标准化活动[1]。经过多年的实践、总结与升华，标准科学的理论与方法日趋成熟，可以为公共文化服务标准化提供科学的理论指导。

3）公共文化服务标准化的管理体制已初步形成

虽然我国尚未设立专门的"公共文化服务标准化技术委员会"，但已为公共文化服务标准化做好了制度准备。《文化行业标准化工作管理办法（暂行）》明文规定，文化行业标准化工作实行统一管理、分工负责的原则，由文化部文化科技司统一管理文化行业的标准化工作。但是公共文化服务除了文化行业外，还需要多个行业和机构的参与与协作。2014年，文化部牵头成立了国家公共文化服务体系建设协调组，标志着国家层面的公共文化服务协调机制正式运转。协调组由文化部、中宣部、教育部、科技部、国家标准化管理委员会等多个部门组成，其主要任务之一就是协调推进重大公共文化服务法规、政策、标准的制定、实施和考核。目前我国已成立标准化技术委员会537个，其中与公共文化有关的有近20个，如广播电影电

---

[1] 中国标准化研究院. GB/T 12366-2009 综合标准化工作指南[S]. 北京:中国标准出版社,2009.

视标准化技术委员会、图书馆标准化技术委员会、文物保护标准化技术委员会、中文新闻信息标准化技术委员会、剧场标准化技术委员会、文化艺术资源标准化技术委员会、新闻出版标准化技术委员会、文化馆标准化技术委员会、动漫游戏产业标准化技术委员会等等。上述标准化技术委员会负责归口本领域的国家标准，分别挂靠在不同的单位，拥有较为强大的专家团队，为公共文化服务标准的制定提供了人力资源保障和组织机构依托。

4）公共文化服务标准化已取得了一定的成果

为贯彻国家公共文化服务体系建设协调组通过的《基本公共文化服务标准化建设工作方案》，文化部已在全国开展公共文化服务标准化试点工作，并取得了一定成果。目前我国已经有公共文化服务的相关标准20余项，如GB/T 28227《文化服务质量管理体系实施指南》系列标准、GB/T 22528-2008《文物保护单位开放服务规范》、GB/T 28220-2011《公共图书馆服务规范》、GB/T 20647.3-2006《社区服务指南 第3部分：文化、教育、体育服务》、GB/T 28221.5-2011《灾后过渡性安置区基本公共服务 第5部分：文化体育》等标准。对这些标准进行分析，可以为构建公共文化服务标准体系提供参考与借鉴。

3.5　本章小结

本章厘清了公共文化服务的定义、特点和基本范围，对公共文化服务标准的分类与作用进行了探讨，对公共文化服务标准体系的目标与特征进行了研究，最后对制定公共文化服务标准体系的必要性和可行性进行了分析。为切实保障公民的文化权利，推动文化事业、文化产业和知识经济的发展，深化文化与科技的融合，促进公共文化服务的整体发展，为公共文化服务均等化提供有效途径，我们有必要制定公共文化服务标准体系。构建公共文化服务标准体系有国家政策方针为依据，有标准科学的理论与方法做指导，我国已初步形成了公共文化服务标准化的管理机制，以往的公共文化服务标准化工作也已取得一定成果，这些都为制定与实施公共文化服务标准体系打下了基础。

4 现行公共文化服务标准的计量分析

我国标准化事业发展很快,各行业的标准化技术委员会相继成立,标准化体系日趋完善。截止到 2015 年 3 月,我国已成立了 537 个标准化技术委员会,前后发布各类标准 556 412 项,其中国家标准 32 133 项。虽然我国尚未系统地构建公共文化服务标准体系,但文化行业和公共文化服务相关领域的标准化技术委员会已通过了多项有关标准,从服务质量、提供者资质、安全、卫生等多个方面对公共文化服务进行规范。由于缺乏有效的检索途径和分析工具,目前尚未见有学者对公共文化服务的相关标准进行系统分析,因此学术界对公共文化服务标准的发展现状缺乏整体的了解与把握。本章利用信息计量分析的工具与方法,对现行公共文化服务标准的外部特征和内容特征进行分析,总结我国公共文化服务标准的发展现状与存在的问题,为系统地构建公共文化服务标准体系奠定基础。

4.1 标准计量分析的数据与方法

4.1.1 数据获取

1) 检索需求

要全面、准确地掌握我国公共文化服务标准的发展现状,首先就要对现行标准有一个全面的了解,因此检索到的标准应满足以下要求:

(1) 应为国家标准和行业标准,公共文化服务是全国性的公共事业,地方标准、企业标准不能反映全国的情况。

(2) 应为现行标准而非废止标准。有些标准制定年限较长，其内容已不适应新形势的发展，故而被废止或被新标准替代。

(3) 应与公共文化服务密切相关。标准化的对象应为公共文化服务的服务质量、服务方式、服务设施设备、服务提供者的资质等密切相关。由于公共文化服务的范围较广，涉及行业众多，相关行业的技术性、基础性的标准难以界定是否纳入，因此只检索公共文化服务直接密切相关的标准。

2）数据来源

为全面、准确地获得我国已发布的公共文化服务相关标准，对标准的网络检索途径进行了调研，发现有以下四个数据来源较为可靠。

① 国家标准化管理委员会是国务院授权的统一管理全国标准化工作的主管机构，其网站提供了"国标目录查询"服务，可以检索国家标准的数量和题录。该网站的检索途径包括标准号、标准名称、归口单位、起草单位、主管部门等字段。② 中国标准化研究院的国家标准文献共享服务平台向社会开放服务，其标准收录最为完整。③ 浙江省标准信息与质量安全公共科技创新服务平台集成了国家标准查询网的功能，同样可以提供国家标准、行业标准、地方标准的查询，但检索途径较少，只有关键词、标准号、标准分类号、年份等字段可供检索。但其优势在于可提供标准的在线全文浏览，而且标准的题录非常完整，包括标准的引用关系、采用关系、适用范围等都可获得。④ 中国知网有国家标准全文数据库、中国行业标准全文数据库、中国标准题录数据库、国外标准题录数据库，可提供国内外标准的检索。中国知网的优势在于标准题录中包括了"主题词"，即根据标准内容对标准进行标引，为快速获得与分析标准的内容提供了便利。

国家标准文献共享服务平台的标准收录最为全面，但检索途径和标准题录都难以满足本书的检索需求和分析的需要。中国国家标准化管理委员会网站的优势是检索途径最广，可从多个字段进行检索，最大限度地体现检索需求；国家标准查询网的标准题录最为详细，可提供最为全面的标准外部特征与引用关联；中国知网的标准题录中有"主题词"，为获得标准的内容特征提供了方便。因此本书综合应用以上三个数据来源来对公共文化服务的相关标准进行检索,并将检索结果和标准题录进行相互补充。

3)检索策略

由于公共文化服务涉及多个行业和行政管理部门,目前尚未设立专门的"公共文化服务标准化技术委员会"。公共文化服务范围太广,相关标准的制定单位、归口单位和主管部门众多,而且中国标准文献分类法(CCS)和国际标准分类法(ICS)中均未设置专门的"文化服务"类目。由于无法依靠统一的途径来查询公共文化服务标准,因此需采用中国标准文献分类法(CCS)、主管部门、标准化技术委员会(TC)、标准名称(关键词)、行业这五者相结合的检索方式,综合利用国家标准化管理委员会网站、国家标准查询网和中国知网进行检索,检索途径见表4-1。

表4-1 我国现行公共文化服务标准的检索途径

检索途径	代码	检索词/类目、TC、部门名称	标准数量(个)
标准名称	—	文化	8
	—	服务	10
CCS分类号	A12	供应与使用关系	86
	A14	图书馆、档案、文献与情报工作	165
	A15	电影与摄影技术	31
	A16	服务标准	33
	A19	编辑、出版	10
	M61	广播、电视系统	18
归口单位	TC239	广播电影电视	126
	TC289	文物保护	13
	TC352	中文新闻信息	2
	TC389	图书馆	6
	TC348	会展业	12
	TC264	服务	58
	TC4	信息与文献	70
主管部门	357	文化部	8
	453	国家文物局	15
	421	国家新闻出版总署	53
	425	国家广播电影电视总局	154

续表 4-1

检索途径	代码	检索词/类目、TC、部门名称	标准数量（个）
行业名称	CY	新闻出版	132
	WW	文物保护	33
	GY	广播电影电视	323
	WH	文化	65

（表格来源：笔者自绘）

（1）CCS检索。CCS以行业划分为基本方法，适当结合学科分类，将标准文献分为24个一级大类（综合、农业、林业、矿业、卫生、石油等行业）、1 608个二级小类（商业、贸易、合同、金融、保险等）。CCS的一级类目分类号为大写英文字母，二级类目用两位阿拉伯数字表示。CCS的类目中与公共文化服务最相关的类目有：A12供应与使用关系，A16服务标准，A19编辑、出版，A14图书馆、档案、文献与情报工作，A15电影与摄影技术，P77广播、电影、电视工程，M61广播、电视系统。此途径共检索到207条国家标准。

（2）主管部门检索。2014年文化部牵头成立了国家公共文化服务体系建设协调组，协调组由文化部、中宣部、教育部、科技部、国家标准化管理委员会等20个部门组成。可见公共文化服务涉及的主管部门很多，协调组的20个部门都有可能发布公共文化服务的相关标准。本书选择和公共文化服务最相关的主管部门进行检索，包括文化部、国家文物局、国家新闻出版总署、国家广播电影电视总局这4个部门制定的标准，共230条。

（3）TC检索。由于我国尚未设立专门的"公共文化服务标准化技术委员会"，只能选择与公共文化服务关系最为密切的TC进行检索。我国成立的537个TC中与公共文化服务最相关的TC见表4-1，此途径共检索到287条标准。TC388剧场、TC390文化馆、TC391网络文化、TC392文化娱乐场所、TC393社会艺术水平考级服务、TC394文化艺术资源、TC527新闻出版、TC536动漫游戏产业、TC505出版物发行、TC500语言文字、TC514文具、TC537城市公共设施服务等都与公共文化服务有关，但上述TC并未发布相应的国家标准。

（4）关键词检索。以"文化服务"为关键词在"标准名称"中进行检索，共得到7条国家标准。

(5) 行业检索。在我国标准化领域，共划分了 67 个行业，其中与公共文化服务较为相关的行业有 4 个：新闻出版行业、文物保护行业、广播电影电视行业、文化行业。检索得到这 4 个行业的标准有 553 条。

4) 标准筛选

5 种检索途径共检索到 878 条标准。由于同一项标准可能会被多种检索途径重复检索，对检索结果进行相互补充、合并剔重后，剩余 530 条国家标准和行业标准。由于检索结果较多，但并非都与公共文化服务密切相关，因此需要对检索结果进行筛选。本书的筛选条件有 2 个：① 标准内容与基本公共文化服务（读书看报、收听广播、观看电视、观赏电影、设施开发、文体活动、送地方戏）的提供与管理直接相关；② 标准类型应为服务标准，技术标准、基础标准难以界定与公共文化服务的相关性，因此暂不做分析。按上述条件对 530 条标准进行筛选，发现有 24 项国家标准、18 项行业标准符合内容要求，即最终得到公共文化服务。42 项标准见表 4-2。

表 4-2 42 项公共文化服务标准

标准号	中文名称	年份
GB/T 7401-1987	彩色电视图像质量主观评价方法	1987
GYJ 34-1988	中、短波广播发射台设计规范（附条文说明）	1989
GYJ 37-1988	卫星电视地面接收站设备配备标准	1989
GYJ 44-1991	卫星广播电视地球站建设标准	1991
GY 5049-1993	省辖市级广播电视监测站建设标准	1993
GB/T 3557-1994	电影院视听环境技术要求	1995
GB 9664-1996	文化娱乐场所卫生标准	1996
GB/T 16463-1996	广播节目声音质量主观评价方法和技术指标要求	1996
WH 0502-1996	公共图书馆建筑防火安全技术标准	1996
GY/T 134-1998	数字电视图像质量主观评价方法	1999
GY/T 5065-1999	调频广播、电视转播台（站）建设标准	1999
GY 5067-2003	广播电视建筑设计防火规范（附条文说明）	2003
GY/T 204-2004	有线电视用户服务规范	2005
GY 5074-2005	有线广播电视网络管理中心建设标准（附条文说明）	2006
GB/T 20647.3-2006	社区服务指南 第 3 部分：文化、教育、体育服务	2007
GB/T 21048-2007	电影院星级的划分与评定	2007
WH/T 25-2007	剧场等演出场所扩声系统工程导则	2007

续表 4-2

标准号	中文名称	年份
建标 108-2008	公共图书馆建设标准（附条文说明）	2008
GY/T 230-2008	数字电视广播业务信息规范	2008
GY/T 231-2008	数字电视广播电子节目指南规范	2008
GB/T 22528-2008	文物保护单位开放服务规范	2009
GB/T 23863-2009	博物馆照明设计规范	2009
建标 136-2010	文化馆建设标准（附条文说明）	2010
GB/T 25600-2010	博物馆讲解员资质划分	2011
GB/T 28227.1-2011	文化服务质量管理体系实施指南 第1部分：总则	2012
GB/T 28227.2-2011	文化服务质量管理体系实施指南 第2部分：室内博物馆	2012
GB/T 28227.3-2011	文化服务质量管理体系实施指南 第3部分：室外博物馆	2012
GB/T 28227.4-2011	文化服务质量管理体系实施指南 第4部分：音像制品销售和出租	2012
GB/T 28227.5-2011	文化服务质量管理体系实施指南 第5部分：音像及电子出版物复制	2012
GB/T 28227.6-2011	文化服务质量管理体系实施指南 第6部分：影院	2012
GB/T 28227.7-2011	文化服务质量管理体系实施指南 第7部分：剧院	2012
GB/T 28221.5-2011	灾后过渡性安置区基本公共服务 第5部分：文化体育	2012
GB/T 28220-2011	公共图书馆服务规范	2012
GB/T 28160-2011	数字电视广播电子节目指南规范	2012
GB/T 28161-2011	数字电视广播业务信息规范	2012
GB/T 29182-2012	信息与文献 图书馆绩效指标	2013
GB/T 29356-2012	烈士纪念设施保护单位服务规范	2013
GB/T 16571-2012	博物馆和文物保护单位安全防范系统要求	2013
WH/T 54-2013	手机（移动终端）动漫内容要求	2013
WH/T 55-2013	手机（移动终端）动漫运营服务要求	2013
WH/T 56-2013	手机（移动终端）动漫用户服务规范	2013
GB/T 30234-2013	文物展品标牌	2014

（表格来源：笔者自绘）

4.1.2 分析方法

1) 引文网络分析

引文分析（Citation Analysis）是利用各种数学及统计学的方法和比较、归纳、抽象、概况等逻辑方法，对科学期刊、论文、著作等各种分析对象的引证与被引证现象进行分析，以便揭示其数量特征和内在规律的一种文献计量分析方法[1]。如果以节点的形式表示每篇文献，引证文献和被引文献之间用箭头连接，箭头方向从被引文献指向引证文献，当文献数量（节点数量）达到一定数量时，就会形成一定规模的有向连通网络。这个网络可以清楚地表现出科学文献之间纵向继承与横向联系的交流态势，可称之为引文网络。引文网络的结构和特征可以在一定程度上反映该领域知识的扩散情况[2]，包含着丰富的有关文献交流、学科联系以及科学发展的深层次信息，是一种天然适合观察知识传播与扩散的自组织知识网络。

Garfield、Henry Small、Howard D. White、Leydesdorff 等学者提出并拓展了引文分析法，率先将多元统计分析、社会网络分析和引文分析可视化的方法引入到计量研究中，为引文网络分析的发展做出了重要贡献[3]。Garfield 建立了科学引文索引，他的多篇著作为引文分析的发展与深化奠定了基础[4][5][6][7]。Henry Small 利用文献共被引网络来识别学科领域知识

---

[1] 邱均平. 信息计量学[M]. 武汉：武汉大学出版社，2007：316-317.

[2] 邱均平，李小涛. 基于引文网络挖掘和时序分析的知识扩散研究[J]. 情报理论与实践，2014，37(7)：5-10.

[3] 邱均平，李小涛，董克. 图情领域可视化研究的发展、演化与创新[J]. 图书情报工作，2014，58(3)：125-131.

[4] Garfield E, Merton R K. Citation indexing: Its theory and application in science, technology, and humanities[M]. New York: Wiley, 1979.

[5] Garfield E, Pudovkin A I, Istomin V S. Mapping the output of topical searches in the Web of Knowledge and the case of Watson-Crick[J]. Information Technology and Libraries, 2003, 22(4): 183-188.

[6] Garfield E. Citation indexes for science. A new dimension in documentation through association of ideas[J]. International journal of epidemiology, 2006, 35(5): 1123-1127.

[7] Garfield E. Scientography: Mapping the tracks of science[J]. Current Contents: Social & Behavioural Sciences, 1994, 7(45): 5-10.

结构的发展演进，证实了共被引分析方法的有效性①。Howard D. White 在 Henry Small 的基础上对文献共被引做了进一步的拓展，提出了作者共被引分析法，并将因子分析、聚类分析和多维尺度分析以及社会网络分析方法引入到学科领域知识结构的分析和结果表示中②。Leydesdorff 将引文网络分析的对象扩展到期刊，构建了 SCI 期刊间的引用矩阵，并对矩阵进行了多元统计分析③。

标准是一种规范性文献，标准和标准之间也存在着引用关系。标准之间引用关系的形成机理如下：在编写新标准的过程中，常常会发现部分需要编写的内容（如术语、技术、方法等）在其他标准中已经做了规定，并且这些规定又适用于新标准。这种情况下，在新标准中就可以引用已有标准的内容，这些内容即成为新标准的条款组成部分，新标准需要在"规范性引用文件"中列出所引用的标准④。

另外，标准之间除了引用，还存在着"采用"关系，采用可看作我国标准对国外标准的一种特殊引用。标准之间"采用"关系的形成也是标准化过程中的必然。编写标准的方法主要有两种——自主研制标准和采用国际标准。WTO 规定当已有相关国际标准时，各成员国应以国际标准为基础来起草新标准，除非国际标准因为气候、地理或基本技术问题等不适用本国实际情况。我国已加入 WTO，因此采用国际标准已成为我国制定标准的重要方法。采用国际标准可以促进我国标准在国际范围内的被承认与认可，进而促进我国对外贸易的发展，提高国家软实力。另外，由于我国的技术发展水平在某些方面与发达国家之间还存在着一些差距，采用国际标准也是引进国外先进技术的一种有效途径。在采用国际标准时，需要根据我国的实际情况来确定我国标准与相应国际标准的一致性程度（等同、

---

① Small H. Co-citation in the scientific literature：A new measure of the relationship between two documents[J]. Journal of the American Society for information Science，1973，24(4)：265 - 269.
② White H D, Griffith B C. Author cocitation：A literature measure of intellectual structure[J]. Journal of the American Society for information Science，1981，32(3)：163 - 171.
③ Leydesdorff L. Clusters and maps of science journals based on bi-connected graphs in Journal Citation Reports[J]. Journal of Documentation，2004，60(4)：371 - 427.
④ 白殿一，逄征虎，刘慎斋，等. 标准的编写[M]. 北京：中国标准出版社，2009：90.

修改和非等效)。"等同"是指国际标准与国际标准有相同的技术内容和文本结构,仅允许最小限度的编辑性修改;"修改"是指与国际标准存在技术性差异和文本结构的区别,但差异和区别产生的原因都能清楚说明。"等同"和"修改"这两种程度都被视为采用了国际标准。

标准之间的引用、采用关系与科学文献之间的引用关系非常类似,对标准之间的引用关系进行统计,就可以构建标准引文网络,从而应用引文网络分析的方法来对标准网络进行测度与分析。目前尚未见有学者构建标准引文网络并进行可视化分析,本书不仅构建与分析公共文化服务标准的引文网络,还用 Pajek[1]、Ucinet 等知识图谱工具对分析结果进行可视化展示,有利于整体把握我国公共文化服务标准发展现状。

2)作者合作网络分析

科学文献的作者分布研究是信息计量学的重点研究领域,描述文献作者分布状况的洛特卡定律是信息计量学的三大基本定律之一。随着科学研究的日益复杂化、交叉化、集成化,科研合作成为应对这一趋势的必然选择。而科研合作最显著的表现形式之一就是合作论文,因此对文献中论文合作现象的研究将有助于分析文献作者的分布。Rosen 等人率先使用统计分析方法对 8 000 多篇人物传记、论文、研究报告的作者合作情况进行了研究[2]。普赖斯也对作者合作进行了研究,提出了著名的普赖斯定律[3][4]。随着对合作者问题研究的深入,人们又提出了合作度(作者总数与文献总数的比值)、合作率(合作论文数与论文总数的比值)等新的计量指标来测度科学研究的合作情况,合作度与合作率能反映作者合作的智能发挥程度,数值越大,表示合作智能发挥越充分。进入 21 世纪,网络科学开始兴起,复杂网络研究和社会网络分析的理论与方法开始被其他学科广泛引

---

[1] Batagelj V, Mrvar A. Pajek. Program for large network analysis[J]. Connections, 1998, 21(2): 47-57.
[2] De B, Rosen R. Studies in scientific collaboration[J]. Scientometrics, 1979, 1(2): 133-149.
[3] Price D J, Beaver D. Collaboration in an invisible college[J]. American psychologist, 1966, 21(11): 1011.
[4] Allison P D, Price D S, Griffith B C, et al. Lotka's law: A problem in its interpretation and application[J]. Social studies of science, 1976, 6(2): 269-276.

入，信息计量学也不例外，作者合作网络分析成为重要的作者分析方法。每个作者用节点表示，节点间连线的粗细表示作者间合作强度，节点的中心度和网络的整体结构特征成为测度作者网络的有效指标。刘军[①]率先在国内介绍了社会网络分析的概念、方法和应用途径，随后社会网络分析被图情领域的学者广泛应用。

每个标准都由多位标准化研究人员共同起草完成，对标准的起草单位、起草人员及其合作关系进行统计分析，有利于整体把握和评估我国公共文化服务标准化领域的主要机构和人力资源支撑状况。

3）共词分析

共词分析方法是一种内容分析法，在20世纪70年代中后期由法国文献计量学家率先提出[②]。共词分析法利用文献集中词汇对名词短语共同出现的情况，来确定该文献集所代表学科中各主题之间的关系。共词分析的结果有助于识别研究领域的研究热点及其发展过程[③][④]。中国知网给每个标准提供了3个及以上的关键词，以归纳、概括标准的主要内容。本书首先对公共文化服务标准的关键词词频进行统计，然后对关键词与关键词之间的共现关系进行统计分析，利用 Ucinet、Pajek 等工具对共现网络进行可视化展示，以识当前标准关注的热点和主要内容特征。

4）频次统计分析

对公共文化服务标准的发布年份进行统计，可以得出标准随时间的发展演进趋势；对公共文化服务标准的 ICS 分类号、CCS 分类号进行统计分析，可以得出公共文化服务标准化涉及的主要领域；对公共文化服务标准的主管部门、归口单位进行统计，可以发现公共文化服务标准化的实施主体和机构依托。

---

① 刘军.社会网络分析导论[M].北京:社会科学文献出版社,2004.
② Callon M,Law J,Rip A. Mapping the dynamics of science and technology: sociology of science in the real world[M]. London: Macmillan Press, 1986.
③ 冯璐,冷伏海. 共词分析方法理论进展[J]. 中国图书馆学报,2006(2):88-92.
④ 钟伟金,李佳. 共词分析法研究（一）——共词分析的过程与方式[J]. 情报杂志,2008(5):70-72.

4.2 公共文化服务标准的发展现状

4.2.1 公共文化服务标准数量快速增长

对公共文化服务标准的发布时间进行统计，得出标准的实施时间分布及各时段实施标准数量所占百分比分别见表4-3和图4-1。

表4-3 公共文化服务标准的实施时间分析

年份	实施标准数量	标龄	百分比	年份	实施标准数量	标龄	百分比
1987	1	28	2.38%	2006	1	9	2.38%
1989	2	26	4.76%	2007	3	8	7.14%
1991	1	24	2.38%	2008	3	7	7.14%
1993	1	22	2.38%	2009	2	6	4.76%
1995	1	20	2.38%	2010	1	5	2.38%
1996	3	19	7.14%	2011	1	4	2.38%
1999	2	16	4.76%	2012	11	3	26.19%
2003	1	12	2.38%	2013	6	2	14.29%
2005	1	10	2.38%	2014	1	1	2.38%

（表格来源：笔者自绘）

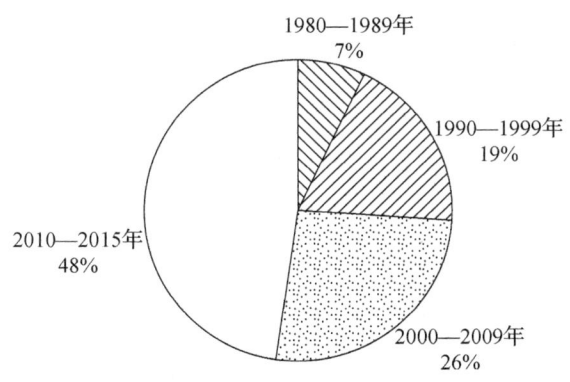

图4-1 各时间段的公共文化服务标准所占百分比
（图片来源：笔者自绘）

一自标准实施之日起，至标准复审重新确认、修订或废止的时间，称为标准的有效期，又称标龄。42项公共文化服务标准的平均标龄为13.5年，

52.38%的公共文化服务标准的标龄已超过5年。标龄最长的标准GB/T 7401-1987《彩色电视图像质量主观评价方法》于1987年实施，至今已有31年的标龄。

公共文化服务标准数量呈明显上升趋势，近年来的增长速度明显加快。从各年代公共文化服务标准数量来看，20世纪80年代只有3项，90年代新增了8项。进入21世纪，公共文化服务标准数量的增长速度有所增加，2000—2009年新实施标准11项。到近几年，公共文化服务标准化得到前所未有的快速发展，2010—2015年新实施标准20项。

20世纪80年代我国才开始实施公共文化服务的相关标准，但标准数量增长缓慢。进入21世纪后，我国公共文化服务标准数量快速上升，尤其近5年新实施的标准数量占已发布公共文化服务标准总数的近50%。我国已有42项现行公共文化服务标准，包括24项国家标准和18项行业标准，但仍远远不能满足公共文化服务体系建设的需要，还有大量的公共文化服务标准有待制定、实施，预计今后一段时间公共文化服务标准的数量仍将保持快速上升趋势。

4.2.2　公共文化服务标准的内容不断扩展

按制定标准的主体来分类，42项公共文化服务标准中有24项国家标准、18项行业标准，国家标准占标准总数的57.14%。

按标准实施的约束力来分类，可将我国标准分为强制性标准和推荐性标准两类。强制性标准主要是安全、卫生等方面的标准，我国法律保障这些标准的强制实施；推荐性标准具有倡导性和指导性，相关机构、组织根据实际情况自愿实施。42项公共文化服务标准中有3项强制性标准：GB 9664-1996《文化娱乐场所卫生标准》、WH 0502-1996《公共图书馆建筑防火安全技术标准》、GY 5067-2003《广播电视建筑设计防火规范》。其余39项均为推荐性标准。

42项公共文化服务标准中，有40项标准标明了CCS分类号，36项标准注明了ICS分类号。各类目的标准数量分别见表4-4和表4-5。

表 4-4　各 CCS 类目的标准数量

CCS	类目名称	标准数量	CCS	类目名称	标准数量
A12	供应与使用关系	8	C51	环境卫生	1
A16	服务标准	5	L05	可靠性和可维护性	1
M63	节目传输	4	L73	信息处理系统设计与文件编制	1
P77	广播、电影、电视工程	4	L76	文本准备与交换	1
M60	广播、电视网综合	3	M35	卫星通信设备	1
A14	图书馆、档案、文献与情报工作	2	M61	广播、电视系统	1
A15	电影与摄影技术	2	M75	卫星广播设备	1
P16	工程防火	2	P31	建筑物理	1
A91	安全防范报警系统	1	P33	居住与公共建筑工程	1

（表格来源：笔者自绘）

表 4-5　各 ICS 类目的公共文化服务标准数量

ICS 分类号	类目名称	标准数量	ICS 分类号	类目名称	标准数量
03.080.01	服务综合	8	13.020	环境和保健综合	1
33.160	音频、视频和视听工程	7	13.310	犯罪行为防范	1
33.160.01	音频、视频和视听系统综合	3	13.220.20	防火	1
01.140.20	信息学	2	33.160.20	无线电接收机和电视接收机	1
03.080.99	其他服务	2	35.020	信息技术（IT）综合	1
35.180	终端和其他外围设备	2	37.060.20	电影胶片、暗盒	1
01.140	信息学、出版	1	91.160	照明	1
03.080	服务	1	91.040.10	公共建筑物	1
03.100.30	劳动资源管理	1			

（表格来源：笔者自绘）

A12 供应与使用关系、A16 服务标准、M63 节目传输、P77 广播、电影、电视工程等类目下的公共文化服务标准数量较多，尤其是 A12 供应与使用关系类目下的标准数量已占标准总量的近 20%。CCS 共分 24 个一级大类，分别用除 I 和 O 外的 24 个英文大写字母表示。40 项公共文化服务标准分布在 A 综合，M 通信、广播，L 电子元器件与信息技术，P 土木、建筑，C 医药卫生劳动保护这 5 个大类中，各大类的标准数量所占比例见图 4-2。A 综合大类的标准数量最多，其次是 M 通信、广播和 P 土木、建筑大类的标准，这两大类的标准数量之和与 A 综合大类相当。

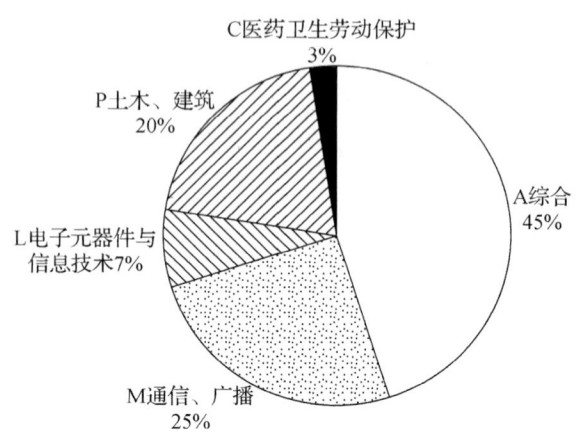

图 4-2　各类公共文化服务标准所占百分比
（图片来源：笔者自绘）

ICS 采用的是等级制分类法，将标准文献分为 40 个大类、408 个二级类、896 个三级类。ICS 的各级类目全部采用阿拉伯数字作为标识符号，大类用 2 位数字表示，二级类用 3 位数字表示，三级类用 2 位数字表示，各级类目间用实心圆点分隔。03.080.01 服务综合，33.160 音频、视频和视听工程，33.160.01 音频、视频和视听系统综合这 3 个类目下公共文化服务标准较多，尤其是服务综合类目下的标准已占到总数的近 20%。36 项公共文化服务标准分布在 6 个一级大类下，标准数量最多的 2 个大类分别是 03 社会学、服务、公司（企业）的组织和管理、行政、运输（12 项，所占比例为 33.33%）和 33 电信（11 项，所占比例为 30.56%）。

现行公共文化服务标准的内容较为丰富，因此归类也较为分散。现行公共文化服务标准的内容覆盖了服务规范、设备、设施及用品、服务人员资质、服务运行管理、安全、环境与卫生等方面，尤以涉及服务规范的标准数量最多。按照 CCS 分类号，现行公共文化服务标准分布在 A 综合，M

通信、广播，L电子元器件与信息技术，P土木、建筑，C医药卫生劳动保护等5个大类中，其中有将近一半的标准属于A综合大类。按照ICS分类号，现行公共文化服务标准覆盖了03、33、01、13、35、91、37、97等大类，尤其集中于03（社会学、服务、公司（企业）的组织和管理、行政、运输）和33（电信）两大类中。

42项公共文化服务标准共有98个关键词，关键词之间的共现关系网络见图4-3，出现词频不低于2次的关键词见表4-6。

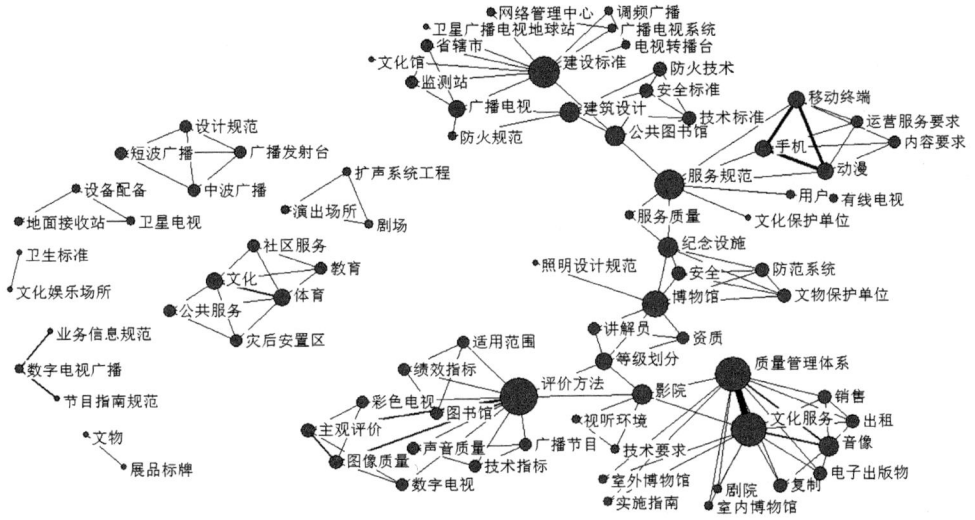

图4-3　公共文化服务标准的关键词共现网络
（图片来源：笔者自绘）

表4-6　公共文化服务标准的高频关键词

关键词	词频	关键词	词频
文化服务	7	音像	2
质量管理体系	7	主观评价	2
建设标准	6	纪念设施	2
评价方法	5	文化	2
服务规范	5	节目指南规范	2
数字电视广播	4	业务信息规范	2
动漫	3	广播电视	2
移动终端	3	等级划分	2

续表 4-6

关键词	词频	关键词	词频
手机	3	图像质量	2
影院	3	建筑设计	2
博物馆	3	体育	2
公共图书馆	3		

（表格来源：笔者自绘）

图 4-3 中每个节点表示一个关键词，节点之间的连线表示关键词在同一标准中共同出现的频次，连线粗细与共现频次成正比。结合关键词词频统计和共现网络图，对公共文化服务标准的内容可从六个方面进行归纳。

1）公共文化服务规范

有 17 项标准对公共文化的服务规范作出规定。一些标准从整体上对公共文化服务进行规范，GB/T 28227《文化服务质量管理体系实施指南》系列标准包括 7 个部分，分别对室外博物馆、室内博物馆、音像制品销售和出租，音像及电子出版物复制，影院、剧院的服务质量作出了统一的规定，为文化服务质量管理工作提供了依据和准绳。GB/T 28221.5-2011《灾后过渡性安置区基本公共服务 第 5 部分：文化体育》给出了灾后过渡性安置区文化体育服务的基本原则、服务内容、服务管理以及服务质量要求。GB/T 20647.3-2006《社区服务指南 第 3 部分：文化、教育、体育服务》规定了社区文化、教育、体育服务的术语和定义，服务内容和要求，社区中文化、教育、体育的设施要求，对服务组织和人员的要求以及服务质量评价的一般指标，该标准适用于社区服务。

也有一些标准从具体的公共文化服务工作入手来制定规范。GB/T 28220-2011《公共图书馆服务规范》对图书馆的服务资源、服务效能、服务宣传、服务监督与反馈等内容作出规定，为评估公共图书馆的服务水平提供了依据。GY/T 204-2004《有线电视用户服务规范》规定了有线电视用户服务应达到的服务质量要求。GB/T 22528-2008《文物保护单位开放服务规范》对文物保护单位开放服务中所涉及的术语和定义、总则、开放管理机构应具备的基本条件、开放、开放服务、安全等内容作出了规定。GB/T 30234-2013《文物展品标牌》规定了各种类型的陈列展览中文物展品的标牌内容及其平面设计、制作规格、摆放等要求。GB/T 29356-2012《烈士纪念设施保护单位服务规范》规定了烈士纪念设施保护单位服务质量的基本标准，该标准适用于经各级人民政府批准公布的烈士纪念设施保护单位。

近几年随着手机产业的发展和移动互联网的兴起，公共文化服务有了新的媒介和途径，相应的公共文化服务标准也应运而生。WH/T 55-2013《手机（移动终端）动漫运营服务要求》规定了动漫运营商对手机（移动终端）分类、动画内容、漫画内容、动漫CP接入、内容版权、内容审核等方面的要求。该标准适用于在移动通信网络和互联网环境下提供动漫业务的动漫运营商和动漫CP。WH/T 56-2013《手机（移动终端）动漫用户服务规范》规定了手机（移动终端）动漫产品经营者为手机（移动终端）向用户提供动漫产品服务的用户服务手册、服务方式、服务渠道和用户权益保护。WH/T 54-2013《手机（移动终端）动漫内容要求》规定了手机（移动终端）动漫内容提供者应遵循的内容制作与内容质量要求，该标准适用于手机（移动终端）动漫产品制作的全过程。

2）人员资质

我国对于公共文化服务人员资质的标准还较少，本书仅检索到1项：GB/T 25600-2010《博物馆讲解员资质划分》对博物馆讲解员进行了定义，将博物馆讲解员的资质划分为4个级别：初级、中级、高级和特级，并分别从资历、业绩和专业能力三个方面规定各级博物馆讲解员的划分标准。

3）服务运行管理

有9项标准对和公共文化服务运行管理有关的事项作出规定。一些标准提出了对公共文化服务效果的评价方法，GB/T 7401-1987《彩色电视图像质量主观评价方法》、GY/T 134-1998《数字电视图像质量主观评价方法》和GB/T 16463-1996《广播节目声音质量主观评价方法和技术指标要求》分别规定了对彩色电视图像质量、数字电视图像质量和广播节目声音质量进行主观评价的方法。一些标准对公共文化服务机构的分级与绩效评估作出规定，GB/T 21048-2007《电影院星级的划分与评定》将电影院划分为五个星级，并给出了分级标准。GB/T 29182-2012《信息与文献图书馆绩效指标》规定了选择图书馆绩效指标的要求，并提出了一套可适用于各类图书馆的绩效指标。一些标准对服务中的信息管理作了规定。GY/T 230-2008《数字电视广播业务信息规范》适用于地面、有线、卫星等数字电视广播业务，后来该标准上升为国家标准（GB/T 28161-2011《数字电视广播业务信息规范》）。GY/T 231-2008《数字电视广播电子节目指南规范》对相关节目指南进行规范，后被评为国家标准（GB/T 28160-2011《数字电视广播电子节目指南规范》）。

4）安全

有三项标准对公共文化服务机构的安全防范事项作出规定。WH 0502-1996《公共图书馆建筑防火安全技术标准》提出了公共图书馆建筑的防火安全标准，其他各类图书馆均可参照该标准的条文执行。GB/T 16571-2012《博物馆和文物保护单位安全防范系统要求》是博物馆和文物保护单位的安全防范系统设计、检验、验收的基本依据。GY 5067-2003《广播电视建筑设计防火规范（附条文说明）》提出了广播电视建筑的防火规范，适用于广播电视建筑的新建、扩建和改建。

5）环境与卫生

GB/T 3557-1994《电影院视听环境技术要求》对电影院的试听环境做出要求，该标准规定了电影院观众厅建筑所提供的视听环境（含放映机房）应符合的技术要求。GB 9664-1996《文化娱乐场所卫生标准》对文化娱乐场所的环境卫生各项指标作出明确规定。GB/T 23863-2009《博物馆照明设计规范》对博物馆的照明环境做出要求，规定了博物馆照明的设计原则、照明数量和质量指标，适用于新建、改建、扩建或利用古建筑及旧建筑的博物馆照明设计。

6）设施、设备及用品

有9项标准对公共文化服务的设施、设备和用品作出规定。GY/T 5065-1999《调频广播、电视转播台（站）建设标准》、GY 5049-1993《省辖市级广播电视监测站建设标准》、GYJ 37-1988《卫星电视地面接收站设备配备标准》、GYJ 34-1988《中、短波广播发射台设计规范（附条文说明）》、GYJ 44-1991《卫星广播电视地球站建设标准》、GY 5074-2005《有线广播电视网络管理中心建设标准（附条文说明）》分别对服务相应设施、设备提出了要求，可作为建设、审批的依据。

建标 108-2008《公共图书馆建设标准（附条文说明）》和建标 136-2010《文化馆建设标准（附条文说明）》分别为县级以上行政区域内公共图书馆和文化馆的新建、改建和扩建提供了依据，街道、乡镇、新建居民区公共图书馆和文化馆的建设可参照相应标准执行。WH/T 25-2007《剧场等演出场所扩声系统工程导则》对剧场扩声系统的设计、扩声设施的安装、调试作出了规定。

以上六个方面内容的公共文化服务标准所占百分比见图 4-4。服务规范类标准占到 41%，设备、设施及用品类标准占到 22%，服务运行管理类标准占到 21%，这三个方面的公共文化服务标准相对完善，另外三个方面的标准所占比重相对较少。

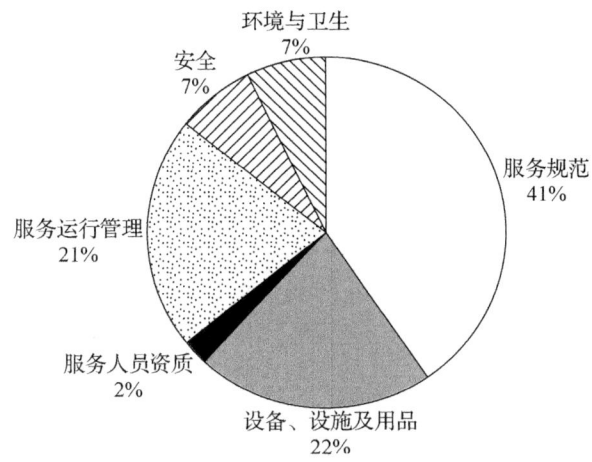

图 4-4 公共文化服务标准的内容分布
（图片来源：笔者自绘）

4.2.3 公共文化服务标准化体系逐步完善

42 项公共文化服务标准中，有 38 项注明了标准的起草单位。38 项标准分别由 98 家单位起草，有 15 项标准仅由 1 家单位起草，有 1 项标准（WH/T 54-2013《手机（移动终端）动漫内容要求》）由 17 个单位合作起草，另外 22 项标准的起草单位数量在 1—17 之间，数量分布见图 4-5，起草 2 项及以上公共文化服务标准的单位见表 4-7。

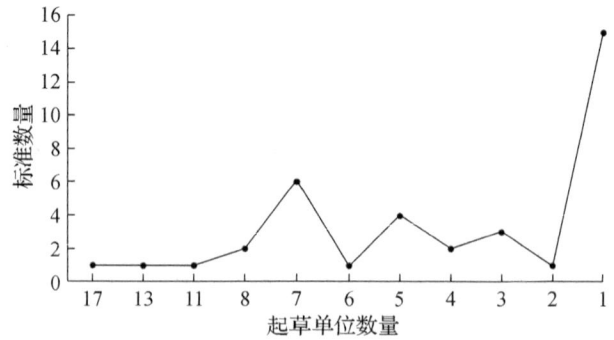

图 4-5　公共文化服务标准的起草单位数量分布
（图片来源：笔者自绘）

表 4-7　公共文化服务标准的主要起草单位

起草单位	起草标准数量	起草单位	起草标准数量
中国标准化研究院	9	中国电信动漫运营中心	2
中质协质量保证中心	7	北京中影电影有限责任公司	2
方圆标志认证集团有限公司	7	北京邮电大学	2
中国合格评定国家认可中心	7	中央电视台	2
中华社会文化发展基金会	7	中国联通网络通信集团有限公司	2
中国出口商品包装研究所	5	中国移动手机动漫基地	2
中国认证认可协会	5	国家广播电影电视总局广播科学研究院	2
首都博物馆	3	世纪剧院	2
周口店北京人遗址博物馆	3	国家广播电影电视总局广播电视规划院	2

（表格来源：笔者自绘）

对公共文化服务标准起草单位性质进行分析，发现主要包括七种类型：

1) 专家工作组

在制定标准的过程中，根据需要召集相关领域的专家参与标准的起草可以充分利用专家智慧，提高标准的科学性。如 GB/T 28160-2011《数字电视广播电子节目指南规范》和 GB/T 20647.3-2006《社区服务指南 第 3 部分：文化、教育、体育服务》的起草过程中就有国家广播电影电视总局数字（高清晰度）电视标准工作组、教育部社区教育专家组的参与。

2）政府行政主管部门

公共文化服务的主管政府部门参与了部分标准的起草工作，如文化部、教育部、国家体育总局及其他单位合作起草了 GB/T 20647.3-2006《社区服务指南 第3部分：文化、教育、体育服务》，另外还有民政部优抚安置局、山东省民政厅、广东省广播电影电视局、无锡市广播电视局等也都参与了相关公共文化服务标准的起草。

3）卫生部门

卫生部门是制定相关卫生标准的官方部门。上海市卫生防疫站、广州市卫生防疫站、武汉市卫生防疫站等卫生部门联合起草了 GB 9664-1996《文化娱乐场所卫生标准》，对文化娱乐场所的环境卫生条件要求做了明确要求。

4）高等院校

高等院校有丰富的专家资源和专业知识资源，北京邮电大学、吉林动画学院、北京广播学院等高校分别参与起草了 WH/T 54-2013《手机（移动终端）动漫内容要求》、GB/T 7401-1987《彩色电视图像质量主观评价方法》等标准。

5）企业

文化产业领域的相关企业是制定公共文化服务标准的主要力量之一，中国电信动漫运营中心、北京中影电影有限责任公司、中国联通网络通信集团有限公司、中国移动手机动漫基地、上海炫动传播股份有限公司、北京联视神盾安防技术有限公司等企业参与了多项公共文化服务标准的起草工作。

6）科研机构

科研机构和高等院校一样，可为标准的制定提供领域专家的智力支撑，对标准的制定和修订发挥重要作用。中国标准化研究院、国家广播电影电视总局广播科学研究院、中国电影科学技术研究所、成都川大科鸿新技术研究所、中国科学院声学研究所、成都市标准化研究院等单位参与了多项公共文化服务标准的起草。

7）文化基金会

文化基金会是从事文化公益事业的非营利性机构，是公共文化服务标准化的重要补充力量。中华社会文化发展基金会参与了《文化服务质量管理体系实施指南》系列标准的起草。

8）认证认可机构

认证机构对产品、服务是否达到有关标准进行合格评定，认可机构对认证机构的执业资格和认证能力进行合格评定，认证认可机构对于公共文化服务标准的实施与推广应用有着重要作用。中国合格评定国家认可中心、中质协质量保证中心、中国认证认可协会等单位参与了多项公共文化服务标准的起草。

9）技术监督部门

各级技术监督部门统一管理、组织协调各地的标准化工作，负责组织制定和发布地方标准，对标准实施进行监督管理。北京市质量技术监督局、上海市质量技术监督局、南京市质量技术监督局等单位也参与了GB/T 20647.3-2006《社区服务指南 第3部分：文化、教育、体育服务》的起草。

10）公共文化服务机构

我国公共文化服务主要由博物馆、图书馆、纪念馆、剧院、电视台等单位提供，它们是公共文化服务标准的主要实施者。首都博物馆、周口店北京人遗址博物馆都参与起草了三项公共文化服务标准。

对各个单位起草的公共文化服务标准数量按单位类型进行累加，见图4-6。累计起草标准数量最多的是企业，其次是科研机构和公共文化服务机构，这三类机构是公共文化服务标准制定的主要力量；认证认可机构、政府行政主管部门和文化基金会也参与起草了一定数量的标准，在制定公共文化服务标准的过程中也发挥了重要作用；卫生部门、技术监督部门、高等院校、专家工作组参与起草的标准数量较少，它们是制定公共文化服务标准的补充力量。

4 现行公共文化服务标准的计量分析

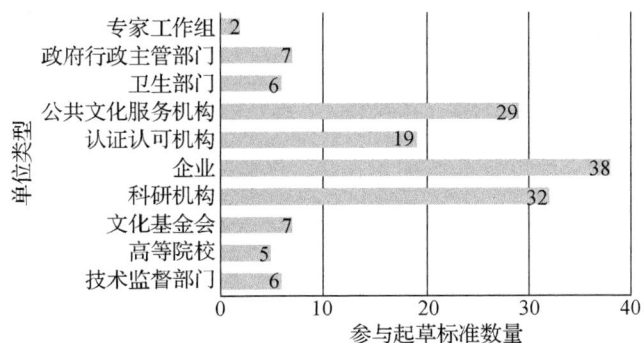

图 4-6 各类单位累计参与起草的公共文化服务标准数量
（图片来源：笔者自绘）

归口单位依据国家赋予的权利和责任，按特定的管理渠道对标准实施管理。有 38 项标准标明了归口单位，各单位归口管理的公共文化服务标准数量见表 4-8。国家广播电视总局、全国服务标准化技术委员会、全国广播电影电视标准化技术委员会、中华人民共和国文化部、全国文物保护标准化技术委员会这 5 个单位归口的标准数量占总数的 86.85%，在公共文化服务标准化的过程中起到了主导作用。

表 4-8 公共文化服务标准的归口单位分布

归口单位	标准数量	百分比
国家广播电视总局	10	26.32%
全国服务标准化技术委员会	9	23.68%
全国广播电影电视标准化技术委员会	5	13.16%
中华人民共和国文化部	5	13.16%
全国文物保护标准化技术委员会	4	10.53%
全国安全防范报警系统标准化技术委员会	1	2.63%
全国图书馆标准化技术委员会	1	2.63%
中国预防医学科学院环境卫生监测所	1	2.63%
全国信息与文献标准化技术委员会	1	2.63%
民政部	1	2.63%
合计	38	100.00%

（表格来源：笔者自绘）

目前 98 家单位参与了起草，16 家单位负责归口管理现行的 42 项公共文化服务标准，这些单位是公共文化服务标准化体系的重要依托，是公共文化服务标准制定与推广的重要力量。公共文化服务的主管部门和相关专业的标准化技术委员会承担了公共文化服务标准的归口管理工作。国家广播电视总局、全国服务标准化技术委员会、全国广播电影电视标准化技术委员会、中华人民共和国文化部、全国文物保护标准化技术委员会等都参与了多项公共文化服务标准的归口工作。企业、科研机构和公共文化服务机构是公共文化服务标准起草的主要力量，中国标准化研究院、中质协质量保证中心、方圆标志认证集团有限公司、中国合格评定国家认可中心、中华社会文化发展基金会、首都博物馆等单位都参与了多项公共文化服务标准的起草。这些机构在公共文化服务标准的制定、管理中起到了重要作用，初步形成了公共文化服务的标准化体系。

4.2.4 标准起草过程中形成了多样的合作模式

对各起草单位之间的合作关系进行统计，得出合作矩阵后导入 Ucinet 后得到起草单位的合作网络图（见图 4-7）。图中 98 个节点代表各起草单位，节点间的连线与单位共同合作起草公共文化服务标准的数量成正比，节点大小与其在网络中的点度中心度呈正比，起草单位合作网络的密度为 1.335。图的左上部有 6 个孤立节点，如敦煌研究院、北京图书馆等，表示这 6 个单位均为独立起草标准单位，未与其他单位合作。

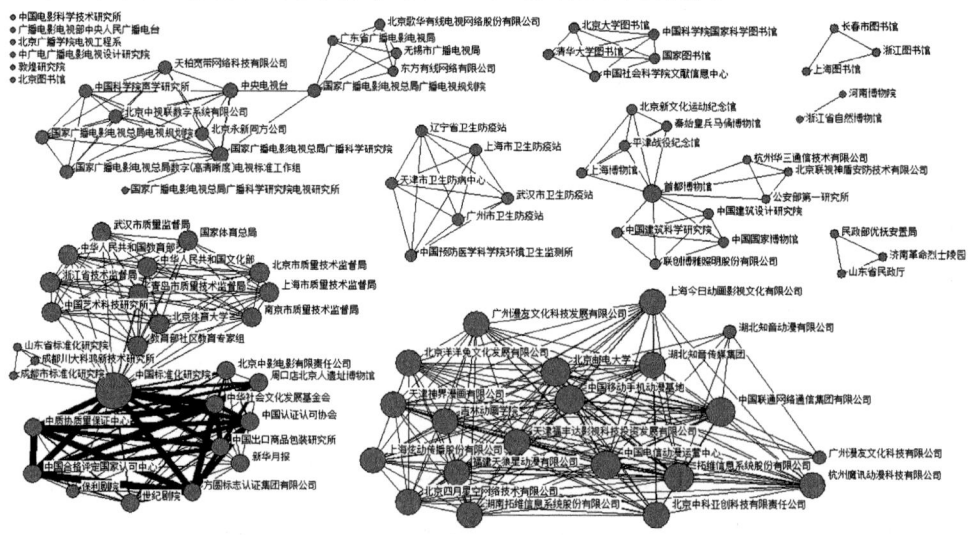

图 4-7　公共文化服务标准起草单位的合作网络
（图片来源：笔者自绘）

依据各单位所属类型来分析各标准的合作起草模式,可发现主要有以下几种合作模式:

(1) 公共文化服务单位合作。河南博物院与浙江省自然博物馆合作起草了 GB/T 30234-2013《文物展品标牌》,上海图书馆、浙江图书馆与长春市图书馆合作起草了 GB/T 28220-2011《公共图书馆服务规范》,北京新文化运动纪念馆、首都博物馆、上海博物馆、平津战役纪念馆、秦始皇兵马俑博物馆合作起草了 GB/T 25600-2010《博物馆讲解员资质划分》。

(2) 卫生部门合作。上海市卫生防疫站、天津市卫生防病中心、广州市卫生防疫站等卫生部门联合起草了 GB 9664-1996《文化娱乐场所卫生标准》。

(3) 科研机构+企业+公共文化服务机构合作。公安部第一研究所、北京联视神盾安防技术有限公司、杭州华三通信技术有限公司和首都博物馆联合起草了 GB/T 16571-2012《博物馆和文物保护单位安全防范系统要求》。

(4) 政府行政主管部门+科研机构+企业合作。国家广播电影电视总局广播电视规划院、广东省广播电影电视局、无锡市广播电视局、北京歌华有线电视网络股份有限公司、东方有线网络有限公司联合起草了 GY/T 204-2004《有线电视用户服务规范》。

(5) 高等院校+企业合作。北京邮电大学与拓维信息系统股份有限公司、广州漫友文化科技有限公司、湖北知音动漫有限公司、中国移动手机动漫基地、中国电信动漫运营中心、中国联通网络通信集团有限公司联合起草了 WH/T 56-2013《手机(移动终端)动漫用户服务规范》。

(6) 政府行政主管部门+科研机构+高等院校+专家工作组+标准化监督管理部门合作。GB/T 20647.3-2006《社区服务指南 第3部分:文化、教育、体育服务》的起草是由众多单位合作完成,参与起草的单位包括中国标准化研究院、中华人民共和国教育部、中华人民共和国文化部、国家体育总局、教育部社区教育专家组、中国艺术科技研究所、北京体育大学、北京市质量技术监督局、上海市质量技术监督局、浙江省技术监督局、武汉市质量监督局、青岛市质量技术监督局、南京市质量技术监督局。

（7）科研机构＋文化基金会＋认证认可机构＋企业＋公共文化服务机构合作。GB/T 28227.1-2011《文化服务质量管理体系实施指南 第1部分：总则》的起草单位包括中国标准化研究院、中华社会文化发展基金会、中国认证认可协会、中国合格评定国家认可中心、中质协质量保证中心、方圆标志认证集团有限公司、新华月报、世纪剧院、北京中影电影有限责任公司、周口店北京人遗址博物馆、中国出口商品包装研究所。

技术监督部门、高等院校、文化基金会、科研机构、企业、认证认可机构、公共文化服务机构、卫生部门、政府行政主管部门和专家工作组在公共文化服务标准的制定中都起到了重要作用，这些单位各具特色和优势，在联合起草标准的过程中建立了灵活多样的合作模式。公共文化服务机构是标准的主要实施者，对公共文化服务的实际情况最为了解；企业对文化市场的变化最为敏感，能敏锐地捕捉文化产业的市场需求；政府行政主管部门对相关法律、政策最为熟悉，可以确保标准的正确导向；科研机构、高等院校和专家工作组能为标准的起草提供专业知识和技术支撑；认证认可机构和技术监督部门对标准的实施与推广起着重要的监督管理作用。各类单位在起草单位的过程中都有其特点和优势，公共文化服务机构和相关企业可以根据制定标准的实际需求，灵活选择政府行政主管部门、科研机构、高等院校、标准化监督管理机构等单位进行合作，联合起草标准，资源共享，优势互补，提高标准的科学性和权威性。

4.2.5　公共文化服务标准化专家队伍初具规模

通过查看标准全文，共查到30项标准的216位起草人，对标准起草人的出现频次及其相互间的合作关系进行统计，30项标准的起草人数分布见表4-9，26位起草了2项及以上的公共文化服务标准的起草人见表4-10，216位起草人之间的合作关系见图4-8。

4 现行公共文化服务标准的计量分析

表 4-9 标准的起草人数分布

起草人数	标准数量	百分比	起草人数	标准数量	百分比
1	0	0.00%	11	3	10.00%
2	3	10.00%	12	1	3.33%
3	2	6.67%	13	3	10.00%
5	2	6.67%	14	3	10.00%
6	3	10.00%	15	1	3.33%
7	1	3.33%	16	1	3.33%
8	3	10.00%	17	1	3.33%
9	1	3.33%	22	2	6.67%

（表格来源：笔者自绘）

表 4-10 参与起草 2 项及以上标准的专家

起草标准数量	标准起草人
7	王世川、杨铭、周湘梅、邓镇非、李仁良、祝燕、赵宗勃、任力强、陈志田
5	李建华
4	曹俐莉、李涵
3	杨海峰、曾毅、高小龙、张希光
2	赵久成、汤福华、魏芳、罗洪涛、陈洪、张淮野、刘静、曾达峰、卢丽丽、柳成洋

（表格来源：笔者自绘）

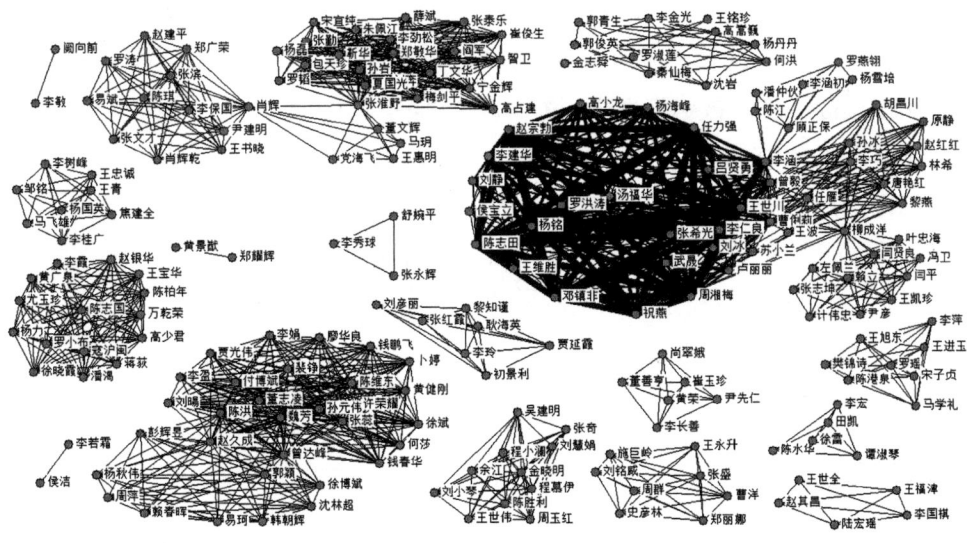

图 4-8 公共文化服务标准的起草人合作网络
（图片来源：笔者自绘）

对起草人的合作强度进行测度,合作度为7.2,即平均每项标准有7人参与起草;合作率为100%,即每项标准都由2位及以上的起草人共同起草完成。公共文化服务标准起草人最多为22人,最少为2人,50%的标准由9人以上合作起草完成。

王世川、杨铭、周湘梅等人参与了《文化服务质量管理体系实施指南》系列标准(包括7项国家标准)中多项标准的起草,因此起草标准的数量明显多于其他专家。

图4-8中每个节点代表1位起草人,两个节点之间的连线表示起草人共同起草过公共文化服务标准,节点间连线的粗细程度与共同起草的标准数量成正比,起草人之间合作次数越多,连线越粗。起草人合作网络的密度为1.2853,最小子网只有2个节点,最大连通子网包含50个节点。

4.2.6 公共文化服务标准知识网络正在形成

对公共文化服务标准引用和采用的标准进行统计,发现有32项公共文化服务标准引用了其他标准(被引用标准包括8项国际标准和105项国内标准)。GY/T 134-1998《数字电视图像质量主观评价方法》和GB/T 29182-2012《信息与文献 图书馆绩效指标》采用了国际标准;GB/T 28161-2011《数字电视广播业务信息规范》、GB/T 28160-2011《数字电视广播电子节目指南规范》、WH/T 54-2013《手机(移动终端)动漫内容要求》、WH/T 55-2013《手机(移动终端)动漫运营服务要求》等4项标准引用了国际标准。被引标准中,有8项标准是本书筛选出的公共文化服务标准。在上述32项标准中,34.38%的标准只引用了1项其他标准,75%的标准引用的标准不超过4项(见表4-11)。

表4-11 引用标准的数量分布

引用标准数量	标准数量	百分比	引用标准数量	标准数量	百分比
1	11	34.38%	6	1	3.13%
2	4	12.50%	11	2	6.25%
3	4	12.50%	12	2	6.25%
4	5	15.63%	16	2	6.25%
5	1	3.13%			

(表格来源:笔者自绘)

4 现行公共文化服务标准的计量分析

被引频次超过 2 次的标准见表 4-12。标准间的引用网络见图 4-9。图 4-9 中共有 131 个节点（孤立节点已删除），每个节点表示一项标准，节点间的箭头从被引标准指向施引标准，共形成 11 个子网。规模最小的子网只包括 2 个节点，规模最大的子网包括 44 个节点。

表 4-12 高被引标准

被引频次	被引标准号	被引标准名称
6	GB/T 19001	质量管理体系 要求
5	GB/T 19000	质量管理体系 基础和术语
2	GB/T 7401-1987	彩色电视图像质量主观评价方法
2	GY/Z 175-2001	数字电视广播条件接收系统规范
2	GB 50348-2004	安全防范工程技术规范（附条文说明）
2	GB 20600-2006	数字电视地面广播传输系统帧结构、信道编码和调制
2	ISO/IEC 14496-2	信息技术. 音频-视听对象编码 第 2 部分：视觉
2	ISO 639-2	语种名称代码 第 2 部分：字母 3 代码
2	GB/T 28227.1	文化服务质量管理体系实施指南 第 1 部分：总则
2	ISO/IEC 14496-10	信息技术. 音频-视听对象编码 第 10 部分：高级视频编码
2	GB 50016-2006	建筑设计防火规范（附条文说明）
2	GB/T 15273.1-1994	信息处理 八位单字节编码图形字符集 第一部分：拉丁字母一

（表格来源：笔者自绘）

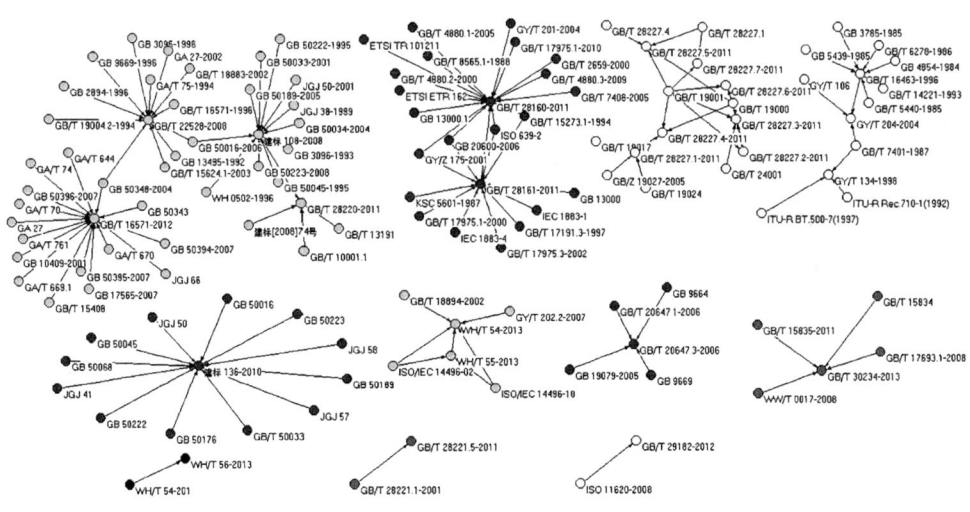

图 4-9 公共文化服务标准的引文网络
（图片来源：笔者自绘）

公共文化服务标准的作者合作网络、单位合作网络、引用网络、关键词共现网络是公共文化服务标准知识网络的主要形式。32项公共文化服务标准共引用了115项国内外标准，形成包括44项标准的最大连通子网；216位标准起草人形成了网络密度1.285 3的作者合作网络，98家起草单位形成了密度为1.335的单位合作网络；98个关键词也构成了现行公共文化服务标准的关键词共现网络。现在已有8项公共文化服务标准已被后来制定的公共文化服务标准引用，即为后来标准的制定提供了依据。标准知识网络是由公共文化服务标准的外在特征和内容关联自发形成，标准知识网络的形成与演化是公共文化服务标准体系发展的反映。现行的公共文化服务标准之间初步建立了一定的引用关系，但这种关系并不紧密，反映出标准之间的内在关联不强，尚未形成较为完善的体系。

4.2.7　文化与科技融合的趋势正在凸显

近年来，以云计算、物联网、移动互联网、大数据、智慧城市为代表的新科技正在对文化需求和文化产品与服务的提供方式的革新带来巨大的影响，文化与科技融合的趋势日益凸显。WH/T 54-2013《手机（移动终端）动漫内容要求》、WH/T 56-2013《手机（移动终端）动漫用户服务规范》就是在移动互联网大发展的背景下，制定了手机动漫服务的内容要求和服务规范，及时填补了移动公共文化服务标准的空白。这些标准就是文化与科技融合的典型表现，有利于新兴技术在公共文化服务中的推广应用，及时满足公众被新技术所诱导的服务需求。随着更多新兴技术在公共文化服务中的应用，还会催生更多这样的公共文化服务标准。

4.3　现行公共文化服务标准的问题

4.3.1　未能构成完整的公共文化服务标准体系

公共文化服务横跨多个行业，涉及文化事业单位、企业、政府行政主管部门等多个主体，需要相当数量的标准来对服务的各个方面进行规范。但现行公共文化服务标准仅有42项，而且这些标准大多是孤立地、零星地制定的,标准之间缺少系统关联。这些不同时期、基于不同目的所制定的标准集中在一起难以构成一个有机整体,标准和标准之间甚至可能出现矛盾和冲突,无法发挥系统效应。虽然现行的公共文化服务标准也能发挥一定的规范作用,但公共文化服务标准化涉及多个行业、部门、业务的方方面面,因此需要一整套相互补充、相互依赖的标准体系。公共文化服务标准化的发展迫切需要引入系统分析方法,以标准系统的整体效益为目标,对公共文化服务标准的要素进行综合分析,厘清标准和标准间的关系,进而构建出宏观的标准体系框架。以后单个标准的制定应在此框架下进行,这样才能促进多个标准的协同作用,使不同时期的单个标准构成有机的整体,发挥系统效应。

4.3.2 国际化水平有待提高

现行公共文化服务标准中只有 2 项标准采用了国际标准,4 项标准引用了国际标准,国际化水平不高。我国一贯高度重视国际标准化工作,鼓励企业积极采用国际标准和国外先进标准。以往公共文化服务的标准化理论与实践缺少对国际标准和各国先进标准的关注,欧美各国的标准化进程起步较早,其相关组织、机构、制度、流程等各方面都相对成熟,对各国公共文化服务相关标准的背景、方法、优势、局限进行深入分析,比较各国同类标准的区别与联系,可以为我国公共文化服务标准的制定提供参考和借鉴。而且在制定公共文化服务标准的过程中引用相关的国际标准,有利于提高标准的国际化水平,使我国公共文化服务标准体系在国际中确立领先地位[①]。

4.3.3 缺少统一的组织管理机制

我国公共文化服务标准化有着众多相关机构和人力资源做支撑,归口单位已达到 16 个,公共文化服务机构、企业等起草单位有 98 个,标准起草人已达到 216 位。随着新公共文化服务标准的不断增加,还会有更多的

---

① 邱均平,李小涛.高校图书馆标准化研究的回顾与展望[J].图书情报工作,2015,59(2):131-135.

单位和个人参与到公共文化服务标准化进程中来。但如此多的单位和专家，分别来自不同的行业、系统，这给公共文化服务标准化的统一组织、规划和管理带来了难度。目前尚未建立有效的机制来对社会各界的力量进行组织管理，尚未建立方便相关机构和个人对公共文化服务标准化的参与机制。建立合理的参与机制，并对相关机构、专家进行统一组织管理将极大地推动公共文化服务标准的制定与推广。

4.3.4 标准资源共享平台建设有待加强

这不仅仅是公共文化服务标准化中的问题，同时也是我国标准化事业发展中急需解决的问题。本书在检索公共文化服务标准的过程中，综合使用了多个数据来源和检索途径，还经过了人工筛选才获得现行的公共文化服务标准。尽管已力求检索的全面和准确，但仍不能保证百分之百地检索完全。现有的标准分类体系（CCS 和 ICS）偏重于技术标准的分类，对于新兴的服务标准设置的类目较少，而且公共文化服务标准分散于各级类目中，更加难以用专门的分类号一一对应。因此，我国需要尽快建立基于语义的标准文献资源深度聚合检索平台，应用知识网络和信息计量的原理和方法，更好地建立标准知识网络，提供标准知识检索与服务。

4.3.5 多项公共文化服务标准的标龄过长

世界各国的标准有效期各不相同，ISO 标准每 5 年复审一次，平均标龄为 4.92 年。根据我国 1990 年发布的《国家标准管理办法》中的规定，国家标准实施后，应由国家标准主管部门组织复审，复审周期一般不超过 5 年。我国公共文化服务标准的平均标龄为 13.5 年，52.38% 的公共文化服务标准的标龄已超过 5 年，标龄最长的标准至今已有 28 年的标龄。可见现行公共文化服务标准的标龄普遍过长。任何一项标准，其正确性和科学性都不是绝对的，标准化活动的效果也是如此[1]。当标准所做的规定不切合实际，不符合客观规律，或者跟不上外界环境的变化时，也会产生负面作用，其风险是不容忽视的。因此，应在标准实施后，及时对标准的内容

---

① 李春田. 标准化是一把双刃剑[J]. 中国个体防护装备, 2005(3): 18-20.

进行审查，对标准的实施效果进行评估，及时发现标准执行与应用中的各种问题并对标准进行修订，尽可能地减少标准造成的负面作用，提高标准化的整体水平。而公共文化服务标准的内容审查和效益评估也需要有明确的标准，这方面的标准在我国还很缺乏。

4.4 标准计量分析的广阔应用前景

在经济全球化的背景下，标准除了具有提高产品质量、优化生产管理等传统作用外，还开始发挥日益重要的市场作用。国家可以通过制定较高的技术标准来构建贸易技术壁垒，企业可以将自身专利嵌入到相应的产品标准中以提高自身的竞争力，扩大竞争优势。专利与标准已成为构建市场竞争优势的重要武器。本世纪初，我国为应对经济全球化和加入WTO后的挑战，将专利和技术标准都上升到国家战略的高度。专利是技术研究与开发成果的重要表现形式，采用信息计量分析方法对专利进行分析，可以掌握专利的时空分布和技术的发展演变。因此，专利计量分析迅速引起国内外学者的重视，Narin[①]、Meyer[②]等人率先进行了这方面的研究。但在专利计量分析快速发展的同时，对标准的计量分析并未得到相同的重视。目前尚未见有学者采用引文网络分析、共词分析、社会网络分析等信息计量分析方法对各类标准进行研究。

本书将信息计量方法与工具应用到公共文化服务标准的分析中，得出了公共文化服务标准的时间分布、类别分布、单位与作者合作网络、标准引用网络和标准关键词共现网络，进而挖掘出现行公共文化服务标准的特点及存在的问题。将信息计量分析方法引入到标准科学的研究中，既是对信息计量与科学计量研究对象的拓展，又是标准科学研究的方法创新。我们可以借鉴专利计量的成功经验，将标准作为计量分析对象，根据标准的特征制定计量指标，发现并描述标准科学领域的计量规律，可以丰富信息

---

① Harhoff D，Narin F，Scherer F M. Citation frequency and the value of patented inventions[J]. Review of Economics and Statistics，1999，81(3)：511-515.
② Meyer M. Does science push technology? Patents citing scientific literature[J]. Research policy，2000，29(3)：409-434.

计量学的理论体系，同时为构建、描述、评估标准的知识网络提供有力的工具，深入揭示标准知识网络的演化过程、特征、规律。这无论是对信息计量学还是对标准科学而言都是重大的突破。具体而言，标准计量分析主要可以在以下方面发展深化。

4.4.1 为标准研究提供新的计量指标

专利计量分析在发展深化的过程中，提出了基于专利的技术集中度、技术生长率、技术成熟系数、技术衰老系数、企业活性因子、企业研发重点等计量指标，具有较高的实用价值。标准计量分析也可以采用信息计量分析的方法，结合标准的特点，提出新的计量指标，科学地揭示各个领域标准化的特点、各个标准化相关主体的特征。

4.4.2 为标准化领域的科学评价提供新的途径

目前主要从经济效益、社会效益等方面来对标准进行评估，引入信息计量方法后，可以发掘评价标准的新途径。例如，标准在标准知识网络中的位置特征、标准在标准知识网络中的作用等等，也可以作为评价标准的指标之一。对于标准化机构和标准化工作者而言，也可以通过信息计量分析来科学地评估其贡献与水平。

4.4.3 构建标准知识网络，提高标准的管理水平

通过信息计量方法，发现标准与标准之间的语义关联，构建标准知识网络，进而根据标准内容对标准进行聚合，便于标准的检索与应用。另外，构建标准知识网络后可探索其发展演化的特征，掌握标准网络的整体情况，为标准的规划、制定与管理提供依据。

4.4.4 标准与专利、法律相结合的计量分析

标准和专利、法律法规的关系日益紧密，越来越多的专利被写入标准中，越来越多的法律开始引用相关标准。将专利知识网络、标准知识网络和法律知识网络联合进行分析，构建多维知识网络，探索其发展演化的规律，可以更加全面地掌握新技术、新知识的流动，为制定竞争策略和宏观

市场调控提供科学依据。

4.4.5 标准计量规律的探索

信息计量学领域已经发现了文献增长、文献老化、文献作者分布等规律并提出了相应的数学公式。如今标准的数量也快速增长,可以采用信息计量的方法来探索标准的增长规律、标准的老化规律、标准的作者分布规律等统计规律。掌握这些规律既是对信息计量学的扩展,又能为国家的标准化管理提供科学依据。

4.5 本章小结

本章利用信息计量分析的工具与方法,对现行公共文化服务标准从时间分布、类别分布、起草单位、归口单位、起草人合作网络、标准引文网络、标准关键词共现网络等方面进行了分析。

研究发现,我国公共文化服务标准化取得了显著成效,公共文化服务标准化体系逐步完善,有关单位形成了灵活多样的合作模式,产生了一定规模的公共文化服务标准化专家队伍;公共文化服务标准数量快速增长,标准知识网络正在形成,标准的内容不断扩展,体现了文化与科技融合的趋势。

但同时也要看到公共文化服务标准化进程中的问题。现行公共文化服务标准未能构成完整的公共文化服务标准体系,国际化水平有待提高,而且多项公共文化服务标准的标龄过长;公共文化服务标准化缺少统一的组织管理机制,标准资源共享平台建设也有待加强。

本书将信息计量方法与工具应用到公共文化服务标准的分析中,显示出标准计量分析的广阔发展前景。将信息计量分析方法引入到标准科学的研究中,既是对信息计量与科学计量研究对象的拓展,又是标准科学研究的方法创新。

5 公共文化服务标准体系的实施模式与路径

标准化工作起源于欧美发达国家，他们建立了较为成熟的标准化管理体制，在国际标准的制定与实施中发挥着重要的主导作用。同时，欧美各国重视对公民文化权利的保障，较早地形成了各具特点的公共文化服务模式。公共文化服务模式和标准化管理体制共同决定了各国的公共文化服务标准化的特点。美国、英国和法国是欧美发达国家的代表，其公共文化服务和标准化管理体制各不相同。对上述各国的公共文化服务模式和标准化管理体制进行分析，比较各自的优势与特色，可以为探索我国公共文化服务标准化的模式与路径提供参考借鉴。

5.1 国外公共文化服务与标准化

5.1.1 美国公共文化服务与标准化

1）标准化管理体制

美国的标准化最初是根据市场经济的需要，以民间组织为主体发展起来的。美国的标准体系主要包括三个部分：民间组织制定的自愿性标准、政府专用标准和国家标准。美国国家标准协会（ANSI）作为全国自愿性标准化体系的协调中心，是一个独立的非营利性组织，协会成员来自企业、贸易协会、专业和技术协会、政府部门、劳动和消费者组织等标准化相关机构。ANSI本身并不制定标准，而是负责对美国民间标准化机构进行管理和协调。美国国家标准技术研究院（NIST）代表政府进行标准化管理，是美国政府标准化政策的主要实施者,负责制定政府专用标准,规制民间自愿性标准的发展。美国现有民间标准化组织700多家,其中有267家被ANSI认可为SDO(标准制定组织),获得ANSI认可的SDO才有资格制定国家标准[①]。美国的标准化管理机制最突出的特点有以下几点:

① 市场驱动。美国的标准化工作最初是由市场驱动而非政府推动的。由于市场的发展和人们对产品和服务的要求逐渐提高,美国的企业、贸易协会开始制定一系列的技术标准和管理标准,以提高自身的市场竞争力,追求更大的经济效益。政府不主导自愿性标准的制定和推广过程。② 以民间标准化组织为主体。与我国政府主导型的标准化管理体制不同,美国标准的制定与实施是以民间标准化组织为主体的。美国的民间标准化组织包括科学和专业协会、贸易协会、专业学会、测试和认证组织等类型。影响力较大的民间标准化组织有美国试验与材料协会(ASTM)、美国机械工程师协会(ASME)、美国电气电子工程师协会(IEEE)、美国石油协会(API)等。ANSI通过被其认可的标准制定组织(SDO)来制定标准。而且美国法律鼓励政府机构尽量减少制定政府专用标准,尽可能采用私有部门制定的自愿性标准,以节约政府经费,同时提高政府获得民间最新技术的能力。③ 公开自愿参与。美国的标准由各有关部门和机构自愿编写,自愿采用[②]。自愿性标准被政府部门的法律、法规采用后,才会具有强制性,必须严格遵守。

2) 公共文化服务模式

美国政府主要依靠市场机制来提供公共文化服务,通过公共文化服务的供给者之间的竞争,来提高公共文化服务的效率和公众满意度[③]。美国政府的公共文化服务总体思路是,如果市场能满足社会自发形成需求,政府就不干预,不能自发形成公共文化服务需求、市场无法满足时,则由政府委托专业团队作为中介来进行干预。美国政府没有设立统管全国文化事业的行政部门,而是通过三个文化基金会(美国国家人文基金会、美国国

---

① 李凤云. 美国标准化调研报告(中)[J]. 冶金标准化与质量,2004(3):27-30.
② 杨辉. 美国标准化管理体制对我国的启示[J]. 世界贸易组织动态与研究,2006(5):37-39.
③ 宋世明. 美国行政改革研究[M]. 北京:国家行政学院出版社,1999:102.

家艺术基金会、国家博物馆图书馆学会）来代表政府行使部分职能，对文艺团体、艺术家、人文学方面的教育和社会活动、博物馆、图书馆等提供公共文化服务的机构、团体和个人进行资助。这三个文化基金会对公共文化服务机构、团体没有行政管辖权①，但在政府决定提供资助的总金额后，可接受政府的委托，通过各行业领域专家的专业评估来进行具体的资助决策。

美国的公共文化服务资助模式有三个特点：一是通过法律法规和政策环境来鼓励社会各界对公共文化服务的投资；二是政府通过国家博物馆图书馆学会等社会中介组织对文化服务进行资助，资助对象为非营利性的民间文化艺术机构或团体；三是政府资助时实行有限拨款，一般对文化服务项目的资助总额不超过所需经费的50%，以避免文化机构或团体过于依赖政府。

5.1.2　英国公共文化服务与标准化

1) 标准化管理体制

英国的标准化历史悠久，法律法规和政策体系健全，在国际上拥有广泛的影响力和重要地位。经过一个多世纪的发展，英国已形成了成熟的标准化管理体制，其标准化水平在世界上确立了领先地位。英国标准协会（BSI）是世界范围内最有影响力的国家标准化组织之一，参与创立了国际标准化组织（ISO）、国际电工委员会（IEC）、欧洲标准化委员会（CEN）等国际标准化组织。

BSI既是独立的民间商业性标准化机构，又是英国政府承认并支持的非营利性国家标准化机构。BSI并不直接制定标准，而是组织各技术委员会制定标准。BSI技术委员会由来自标准用户、制造商、政府机构、消费者组织等相关组织的代表组成，具体承担国家标准的制定和维护任务。英国政府通过向BSI技术咨询及政策委员会派出代表，来与民间组织一起有效地参与和推动标准的制定、实施与推广。英国的标准化管理机制最突出

---

① 王列生,郭全中,肖庆. 国家公共文化服务体系论[M]. 北京:文化艺术出版社,2009:243.

的特色有以下几点:

① 重视标准化对公共政策的支撑。英国政府认为标准化是对政府政策提供支持的一个关键因素,标准对公共政策的支持是英国标准化工作的总目标,这在英国的相关政策、法律法规文件(如《英国政府2009年关于标准化方面的公共政策》)中都有明确的规定和阐述。② 重视"非正式标准"的作用。非正式标准是由一定范围内的利益相关方制定的标准,通常属于行业标准。非正式标准的制定过程较为简单,无需严格履行"正式标准"的制定程序,因此时效性好,能敏锐地反映最新技术发展,更好地满足市场需求。"非正式标准"在发展成熟后可以成为正式标准。③ 高度国际化。英国标准化管理的另一个重要目标是谋求与欧洲标准、国际标准的协调一致。英国的国家标准由三个部分组成:一是BSI直接制定的标准和将其他标准调整采纳后的标准;二是由欧洲标准转化而来的标准,如由CEN等欧洲标准化组织制定的标准;三是由ISO标准、IEC标准等国际标准转化而来的标准。英国近90%的国家标准来源于对国际标准和欧洲标准的转化,近10%的直接制定的国家标准中,又有一部分是从英国有关协会团体标准上升为国家标准的[①]。BSI在制定国家标准前,先要查找相关欧洲标准和国际标准,尽可能采用国际标准、欧洲标准作为国家标准。

2) 公共文化服务模式

英国形成了比较完整的由中央、文化艺术委员会和地方构成的三级文化管理体制,这三级管理机构并无垂直行政领导关系,而是各自相对独立[②]。英国政府在公共管理改革的过程中,逐渐认识到私有企业的管理模式比政府公共部门的管理模式更有效率,让私有企业来承担公共服务会比公共部门做得更好。因此,英国政府不对本国的文化事业机构和文化艺术团体直接进行行政干预,而是采用"一臂之距"的原则来对公共文化服务进行间接管理,即中央政府通过各类文化艺术委员会来将文化经费分配给文化机构或艺术家。英国公共文化服务管理模式的特点主要体现在三个

---

① 刘春青,李玉冰,范春梅,等. 美国 英国 德国 日本和俄罗斯标准化概论[M].北京:中国标准出版社,2012:61.
② 王列生,郭全中,肖庆. 国家公共文化服务体系论[M].北京:文化艺术出版社,2009:260.

方面：

① 非政府公共文化机构在公共文化服务中起到了至关重要的作用。英国的各类文化艺术委员会与全国各个公共文化服务的组织、机构和团体建立联系，形成全国性的公共文服务管理网络体系。文化艺术委员会的成员都是专业素质极高的专家，可以客观、公正地对文化经费进行分配和效果评估，并且通过各种方式对获得文化经费的艺术团体进行监督。非政府机构的参与极大地减轻了政府的工作负担。② 建立了文化托管制度。文化托管是指委托人将其文化艺术资产委托给某一公共文化托管董事会进行保管、经营，公共文化托管董事会必须由各行业具备所需资质的专家组成。文化托管制度可以使非公有的文化艺术资源转化为公共文化服务资源，极大地拓展公共文化服务的供给，而政府也可将国有文化艺术资源委托给民间公共文化托管董事会进行管理，既能减轻政府公共文化部门的工作负担，又能实现公共文化服务管理的专业化。③ 吸收社会力量促进公共文化服务的发展。英国政府鼓励社会各界的机构和个人赞助文化活动，一方面成立企业赞助艺术联合会，鼓励企业对文化事业的捐赠；另一方面发行国家彩票，彩票收入由文化、新闻和体育部门拨给各地区、行业的文化艺术委员会。

总的来说，英国的公共文化服务管理体制有三个方面的优点：一是非政府机构的积极参与减轻了政府的工作负担，提高了公共文化服务发展的效率；二是提供了全社会参与公共文化事业的机制和途径，能广泛吸收社会各界力量推动公共文化服务的发展；三是政府的"一臂之距"保证了文化艺术政策的连续性，保证了文化艺术团体的独立性，不受党派政治变化的影响。

5.1.3 法国公共文化服务与标准化

1）标准化管理体制

十八世纪中叶法国就开始了标准化工作，在火炮制造过程中实现了部件的标准化。经过长时间的发展，法国已经形成了完备的标准化管理体系。法国政府在标准化法中明确规定法国标准化协会（AFNOR）为全国标准化主管机构,并由法国工业部总归口①。AFNOR在欧洲和国际标准化组织中都发挥着重要的作用。AFNOR下设各专业、行业的标准化局,标准化局的成立需要政府有关部门的批准。标准化局再根据需要设立技术委员会,标准化局或技术委员会负责制定具体的法国标准(NF)草案,然后提交给AFNOR审核和批准后,即可作为法国的国家标准发布实施。任何团体和个人都可申请编制标准,法国标准的制定也是以市场需求为主导,以企业为主体。法国鼓励积极采用国际标准和欧洲标准作为国家标准,目前法国的现行标准中有超过一半都采用了国际标准。法国标准的制定是基于企业的共同利益,因此企业都自愿执行。

2) 公共文化服务模式

法国设立了3个层次的管理体系来管理公共文化服务:中央一级的管理机构是文化和通讯部,其职责主要是制定文化政策,编制文化经费预算,促进艺术创作和文化普及等,对全国文化事业直接进行管理;中间一级是文化和通讯部直属文化单位,包括法国重点文化设施、文艺团体、艺术院校等在国内外有重要影响的文化单位,这些单位由文化和通讯部进行领导任命和经费下拨;地方一级是地方文化机构,其职责主要是执行国家的文化政策、制定地方文化发展规划、组织文化活动等。

法国公共文化服务管理模式的特点主要体现在3个方面:① 政府中央集权管理。法国政府不通过中介社会组织来管理公共文化服务,而是由文化和通讯部对全国公共文化服务统一进行协调管理,各文化局局长都属于文化和通讯部的官员。另外,文化和通讯部还向各地的博物馆、图书馆、电影资料馆等文化事业单位派遣专业技术人员,完全没有依靠民间文化艺术委员会来进行管理。② 政府直接财政拨款。法国政府对文化事业的投入不像英、美那样通过非政府公共文化机构来代理,而是由文化和通讯部对政府直属的公共文化服务机构、团体直接拨款。③ 通过签订文化协定进行管理。政府在提供经费的同时,与相关部门和文化单位签订相应的文化协定,以契约的形式对得到资助的单位和团体进行管理和监督,以确保经费

---

① 王晓燕.法国标准化管理与动作模式考察报告[J].上海标准化,2004(5):39-41.

的使用效果，从而使所有公民都有平等享受公共文化服务的权利。

5.1.4 比较分析

公共文化服务模式决定了公共文化服务的生产者、提供者和消费者之间的关系，决定了标准化的利益相关主体；标准化管理体制则决定了标准制定与实施的主体。通过对美国、英国、法国的公共文化服务模式和标准化管理体制进行综合分析，可以总结出各国的公共文化服务标准化模式。

1) 美国的"民间自愿"模式

美国政府没有设立专门的文化行政主管部门，主要通过制定政策法规、规范市场秩序来发挥作用。政府财政对文化的投入与拨款主要通过各类行业协会、专业团队等非政府组织（如美国国家艺术基金会等）进行分配。非政府组织和第三方机构是开展公共文化服务的中坚力量，政府对公共文化服务的行政干预被降到了最低。而美国的标准化管理体制也是以民间组织为主体发展起来的，有着市场驱动和自愿参与的特点。因此，美国政府在公共文化服务标准方面缺乏实际需求，公共文化服务标准主要由市场需求驱动，由非政府组织、第三方机构制定和推广。因此美国的公共文化服务模式可归纳为"民间自愿"模式。

2) 英国的"共同管理"模式

英国的标准化体制和美国一样也是以民间组织为主导，但公共文化服务模式有所不同。英国形成了比较完整的中央和地方三级文化管理体制，政府在公共文化服务中承担了更多的责任和义务，政府和民间文化组织都有对标准化的需求。因此英国的公共文化服务标准化是政府与民间机构共同管理的模式。

3) 法国的"政府主导"模式

法国形成了由法国标准化协会、行业标准化局和标准化技术委员会组成的标准化管理体制，政府在其中发挥着主导作用。而法国的公共文化服务也是政府中央集权管理，不通过中介社会组织来管理公共文化服务。可见法国的公共文化服务和标准化都是由政府主导的，市场和民间组织缺乏对标准化的需求和动力,因此法国的公共文化服务标准化属于政府主导模式①。

上述三种公共文化服务标准化模式都有各自的优势与劣势。美国的"民间自愿"模式可以最大限度地调动社会资源,以提供公共文化服务,能通过市场及时、灵活地感知并满足公众的公共文化需求,避免了政府的行政干预失误造成的负面影响,实现公共文化服务效率的最大化,但也存在政府对公共文化服务标准化进程中的具体问题和偏差缺乏掌控能力等问题。法国的"政府主导"模式充分发挥政府的宏观调控与监管作用,能有效地掌控公共文化服务标准化的发展与完善,但同时也会造成社会力量参与的积极性不高、难以灵敏地感知并满足公众文化需求的问题,一旦政府决策失误就会造成重大损失。英国的"共同管理"模式介于美国和法国之间,政府和民间组织在公共文化服务标准化过程中各司其职,从不同的角度发挥作用。虽然标准化的效率可能不如美国,对标准化的掌控程度不如法国,但同时也避免了美国和法国公共文化服务标准化中的明显弊端。

通过对美、英、法三国的公共文化服务标准化模式的比较分析,可为我国的公共文化服务标准化模式的建立和完善提供借鉴。首先,公共文化服务标准化需要良好的法律和政策环境。政府可以在公共文化服务标准化过程中起主导作用,全程主导标准的制定、实施与修订,也可以将标准的制定和实施委托给民间组织,发挥社会力量和市场机制来实现公共文化服务的标准化。但这两种模式都有一个共同的前提,那就是制定相应的法律法规和政策,为公共文化服务标准化提供一个公正、公开、公平、稳定的政治环境。

其次,重视公共文化服务标准与法律、法规的结合。标准的制定只是公共文化服务标准化的开始,关键还在于标准的贯彻、落实与实施。标准最有力的实施途径莫过于被相关法律、法规引用,通过法律的力量来监督、保障标准的实施。

最后,民间组织、第三方机构在公共文化服务标准的制定、实施、推

---

① 李少惠,余君萍. 西方公共文化服务体系综述及其启示[J]. 图书馆理论与实践,2012(3):17-20.

广中可以发挥重要作用。国外的标准化技术委员会成员来源广泛，包括消费者、政府官员、学者等代表性人群。因此在制定公共文化服务标准的过程中，我国公共文化服务标准化应鼓励社会力量的参与，充分调动民间力量的积极性，使标准更加体现更广泛人群的需求，进而及时、灵敏地适应公众需求。

5.2 我国公共文化服务标准体系的实施模式

5.2.1 我国的标准化管理体制

我国的标准化实行的是由标准化行政机构集中统一管理的体制，由标准化行政管理体系、标准化技术工作体系、标准化中介服务体系等构成标准化管理体系[①]。国家标准化管理委员会是国务院授权的履行行政管理职能，统一管理全国标准化工作的主管机构。国务院有关行政主管部门和国务院授权的有关行业协会分工管理本部门、本行业的标准化工作。各省、市、自治区也都设置了标准化行政管理部门（一般为各地的质量技术监督局）负责地方标准化工作，并实行垂直领导体制，形成了我国标准化的国家、行业、地方三级行政管理体系。

我国的标准化技术工作体系主要由标准化技术委员会系统和标准的实施监督检验系统两大系统组成。标准化技术委员会系统负责标准的制定和修订，由标准化技术委员会（TC）、标准化分技术委员会（SC）、工作组（WG）三级机构组成。标准化技术委员会是在一定专业领域内从事全国性标准化工作的技术组织，可根据需要建立若干个分技术委员会和若干个工作组。截止到2014年12月，我国已先后成立了537个标准化技术委员会。标准的实施监督检验系统由各级政府标准化行政机构的质量监督部门负责管理，监督强制性标准的实施情况。

标准化中介服务体系主要包括标准化协会、标准化科学研究机构、标准及标准化编辑出版机构。中国标准化协会和地方各级标准化协会是从事

---

① 洪生伟.标准化管理[M].北京:中国标准出版社,2012:87.

标准化工作的单位和个人组成的学术性、非营利性法人社会团体，其主要职能为开展标准化学术交流活动，普及标准化科学技术知识，促进标准化技术的交流与合作。我国专门的标准化科学研究机构主要有中国标准化研究院，以及各地区、部门的标准化研究院所，这些机构主要对标准化的原理、特点、历史、方法、规律、政策进行研究。中国标准出版社专门印刷、发行国家标准和标准化领域的著作、工具书，以及国外标准的相关资料。另外，中国标准化研究院和中国标准化协会还主办了《中国标准化》《标准科学》等标准化领域的学术期刊，为我国标准化研究提供了专门的学术交流平台，促进了标准化工作的方针、政策、先进经验、最新研究成果的传播。

《文化行业标准化工作管理办法（暂行）》明文规定，文化行业标准化工作实行统一管理、分工负责的原则，由文化部文化科技司统一管理文化行业的标准化工作。但是公共文化服务除了文化行业外，还需要多个行业和机构的参与与协作。2014年，文化部牵头成立了国家公共文化服务体系建设协调组，标志着国家层面的公共文化服务协调机制正式运转。协调组由文化部、中宣部、教育部、科技部、国家标准化管理委员会等多个部门组成，其主要任务之一就是协调推进重大公共文化服务标准的制定、实施和考核。

5.2.2 我国的公共文化服务模式

我国公共文化服务坚持正确导向、政府主导、社会参与、共建共享、改革创新原则。坚持正确导向是以社会主义核心价值观为引领，发展先进文化，抵制落后文化和有害文化；政府主导是由政府从基本国情出发来规划、推动和实现公共文化服务的均等化；社会参与是引入市场机制，激发民间组织、机构、个人参加公共文化服务的积极性，促进公共文化服务的多元化；共建共享是多部门协同发展，优化资源配置，发挥整体优势，提升综合效益；改革创新是转变政府职能，创新公共文化服务的内容和形式[①]。由于公共文化产品与服务属于公共物品或准公共物品，因此市场不会自发、主动地来生产或提供公共文化服务，更没有动力来自发制定公共文化服务标准。文化事业单位或其他文化服务机构、团体对公共文化服务标准的制定基本没有需求，也没有短期的或潜在的利益驱动，因此公共文化服务标准的制定需要采取政府主导、社会参与的模式。

我国标准化管理体制和公共文化服务模式与法国具有一定程度的相似性，都是依靠政府在其中发挥主导作用，这决定了我国当前的公共文化服务标准化模式应为政府主导模式，即：公共文化服务标准由政府来主导、组织各方力量来制定和实施。

5.3 我国公共文化服务标准体系的实施路径

5.3.1 实施主体

我国政府主导、社会参与的公共文化服务标准化模式决定了标准化的实施主体与实施路径。我国公共文化服务标准化涉及的主体主要包括以下几个方面。

1）公共文化服务行政主管部门

文化行业是与公共文化服务最为密切相关的行业，由我国文化部负责统一管理。但是公共文化服务除了文化行业外，还需要多个行业和机构的参与与协作，例如新闻、广播、电影、电视、卫生等，这些行业的行政主管部门的参与对公共文化服务的统筹管理至关重要。2014年，文化部牵头成立了国家公共文化服务体系建设协调组，标志着国家层面的公共文化服务协调机制正式运转。协调组由文化部、中宣部、教育部、科技部、国家标准化管理委员会等多个部门组成，其主要任务之一就是协调推进重大公共文化服务标准的制定、实施和考核。国家公共文化服务体系建设协调组应对公共文化服务领域的标准化情况进行系统调研和分析，向标准化主管

---

① 新华网.中共中央办公厅、国务院办公厅印发《关于加快构建现代公共文化服务体系的意见》[EB/OL].[2015-01-07].http://news.xinhuanet.com/2015-01/14/c_1113996899_2.htm

部门提供相应的化服务标准需求，从而为公共文化服务标准的立项提供依据。

2）标准化行政主管部门

在政府主导模式下，政府标准化行政主管部门（国家标准化管理委员会和各级质量技术监督局）是公共文化服务标准的组织者和管理者。国务院有关行政主管部门和有关行业协会也设有标准化管理机构，分工管理本部门本行业的标准化工作。例如《文化行业标准化工作管理办法（暂行）》明文规定，文化行业标准化工作实行统一管理、分工负责的原则，由文化部文化科技司统一管理文化行业的标准化工作。各地方的标准化工作由各地质量技术监督局统一管理，国家标准化管理委员会对各地质量技术监督局的标准化工作实行业务领导。

3）全国专业标准化技术委员会

全国专业标准化技术委员会是由国家标准化管理委员批准成立的，在一定专业领域内，从事全国性标准化工作的技术组织，负责本专业技术领域内的标准化技术归口工作。在政府主导模式下，全国专业标准化技术委员会接受政府标准主管部门的公共文化服务标准制定任务，是组织和协调相关标准研制的主体。在制定标准的过程中，全国专业标准化技术委员会选择标准起草单位或筹备组建标准工作起草组，并对标准起草单位递交的标准进行评估和复审，最后将标准递交到各级标准化行政主管部门。

目前我国尚未设立专门的"公共文化服务标准化技术委员会"，公共文化服务的相关标准分别由各行业标准化技术委员会归口。2008年，国家标准化管理委员会批准了全国剧场标准化技术委员会等文化行业的7个全国标准化技术委员会的成立，为推动文化行业标准化和公共文化服务体系的标准化建设奠定了基础。另外，服务业也成立了若干标准化技术委员会，其工作范围也与公共文化服务标准化有较多的交集。我国现有的与公共文化服务标准化密切相关的标准化技术委员会有：

① 全国剧场标准化技术委员会（TC388）。其秘书处设于中国艺术科技研究所，负责舞台音响、灯光及专业技术设备的应用，以及剧场服务等方面标准的制定、修订和推广实施。

② 全国图书馆标准化技术委员会（TC389）。其秘书处设在国家图书馆，委员来自公共图书馆、高校图书馆、科研图书馆、党校图书馆、军校图书馆、少儿图书馆、图书馆业务相关企业等图书馆系统的各类机构[①]。TC389 负责图书馆管理、服务、建设、保护、环境等方面的标准化工作，截止到 2014 年 12 月，TC389 已制定《公共图书馆服务规范》《图书馆古籍书库基本要求》等 6 条国家标准。

③ 全国文化馆标准化技术委员会（TC390）。文化馆以往被视为群众文化的活动中心、群众文化的辅导培训中心和理论研究中心[②]，是公共文化服务体系的重要组成部分。在新形势下，文化馆职能的独特性和重要性有所下降，迫切需要通过标准化工作来促进未来的建设与发展。在此背景下，全国文化馆标准化技术委员会也于 2008 年成立，负责文化馆建设、管理、服务等相关标准的制定与修订。

④ 全国网络文化标准化技术委员会（TC391）。其秘书处设在文化部文化市场发展中心[③]。TC391 负责我国网络文化的产品、技术、服务和管理等领域的标准化工作，促进标准的制定、修订、宣传、贯彻与实施。

⑤ 全国文化娱乐场所标准化技术委员会（TC392）。其秘书处同样设于文化部文化市场发展中心，负责全国文化娱乐场所标准化的技术归口工作，促进我国文化娱乐市场的技术进步和规范服务[④]。

⑥ 全国社会艺术水平考级服务标准化技术委员会（TC393）。艺术考级是指对非艺术专业的人员按一定的要求进行测试以确定其艺术水平和相应等级的做法[⑤]。TC393 的秘书处设于中国艺术职业教育学会，负责制定艺术考级专业标准化工作的方针、政策，组织艺术考级专业国家标准的制定、修订和实施、推广工作。

⑦ 全国文化艺术资源标准化技术委员会（TC394）。其秘书处承担单

---

① 索传军,田颖. 我国图书馆标准化的现状与图标委工作的思考[J]. 中国标准化,2008,(9):9-11.
② 江清和. 大力推进文化馆的标准化建设[J]. 中国标准化,2008,(9):12-13.
③ 沈河涛. 我国网络文化标准化的现状分析与展望[J]. 中国标准化,2008,(9):14-16.
④ 肖潇. 建立文化娱乐场所标准体系推动文化娱乐业健康有序发展——全国文化娱乐场所标准化技术委员会及其工作[J]. 中国标准化,2008,(9):17-19.
⑤ 何亚文. 全国社会艺术水平考级服务标准化工作介绍[J]. 中国标准化,2008,(9):23-25.

位为文化部民族民间文艺发展中心,负责全国文化艺术资源调查、发掘、研究、保护、展示、利用及数字化领域的标准化工作[①]。

⑧ 全国服务标准化技术委员会(TC264)。其成立于2003年,秘书处设于中国标准化研究院现代服务标准化研究中心[②]。TC264下设心理咨询服务、温泉服务、清洁服务3个分技术委员会,主要负责服务方面的基础标准(包括服务术语、服务标准化指南、服务分类等),以及新兴服务领域中的专业服务标准的制定和修订工作。其工作范围与国际标准化组织消费者政策委员会(ISO/COPOLCO)、非正式教育与培训服务标准化技术委员会(ISO/TC232)对应。截止到2014年12月,TC264已制定《文化服务质量管理体系实施指南》《社区服务指南》《服务业组织标准化工作指南》《灾后过渡性安置区基本公共服务》等58条国家标准。

⑨ 全国教育服务标准化技术委员会(TC443)。其于2009年成立,负责的标准化领域为义务教育和国家正规高等教育之外的涉及市场化经营的辅助教育服务[③]。其工作范围与国际标准化组织"教育服务——非正式教育及培训"技术委员会(ISO/TC232)对应,现已制定GB/T 28915-2012《成人教育培训组织服务通则》、GB/T 29359-2012《非正规教育与培训的学习服务质量要求总则》等8条国家标准。文化艺术培训服务是公共文化服务的组成部分之一,其标准化就属于TC443的工作范围。

⑩ 全国文物保护标准化技术委员会(TC289)。其于2006年成立[④],负责文物调查与考古发掘、文物保护、博物馆及其信息化领域的国家标准制订、修订工作,由国家文物局主管。截止到2014年12月,TC289已制定《文物保护单位开放服务规范》《文物展品标牌》《博物馆讲解员资质划分》等13条国家标准。

⑪ 全国城市公共设施服务标准化技术委员会(TC537)。其成立于2013年,北京市质监局负责该技术委员会的日常管理工作。该委员会致力

---

① 张刚,邱邑洪. 全国文化艺术资源保护标准化技术委员会及其工作[J]. 中国标准化,2008,(9):20-22.
② 牛钢. 全国服务标准化技术委员会成立大会在京召开[J]. 上海标准化,2003,(5):6.
③ 钟伟. 教育服务标准化技术委员会成立[N]. 中国教育报,2009-05-15(2).
④ 何流. 全国文物保护标准化技术委员会正式成立[N]. 中国文物报,2006-08-09(1).

于提升城市公共设施服务质量，负责我国城市公共设施服务标准化工作。

还有些标准化技术委员会的工作范围也涉及公共文化服务的某些方面，但与公共文化服务并不直接相关，如森林公园标准化技术委员会（TC363）、出版物发行标准化技术委员会（TC505）、文具标准化技术委员会（TC514）、新闻出版标准化技术委员会（TC527）、动漫游戏产业标准化技术委员会（TC536）等等。这些委员会成立时间不长，尚未制定相应的国家标准。

4）标准起草单位

标准起草单位是受全国专业标准化技术委员会委托承担具体标准起草工作的单位或组织。起草单位可以是企业、科研机构、公共文化服务机构、认证认可机构、政府行政主管部门、相关行业基金会、卫生部门、标准化监督管理部门、高等院校、专家工作组等各种社会机构。标准起草单位可召集有关领域的专家或社会相关人士组成的标准起草工作组，集中各方面专家的智慧和经验负责相关标准的制定。标准起草单位起草的标准将提交给技术委员会或技术归口单位进行评估和复审。

5）公共文化服务机构

我国公共文化服务机构的主体是文化事业单位。文化事业单位由政府主管部门审定资格，单位分布广，涵盖门类多，是我国公共文化服务的提供者，也是公共文化服务标准的具体执行者。

5.3.2 具体路径

公共文化服务标准化的实施路径包括标准的立项、制定、审查与发布、实施、检查与监督（见图5-1）。

1）公共文化服务标准计划项目立项

依据《国家标准管理办法》的规定，国家标准化管理委员会每年6月提出编制下年度国家标准计划项目的原则要求，下达给国务院有关行政主管部门及其领导与管理的全国专业标准化技术委员会或专业标准化技术归口单位（下文简称"技术委员会"或"技术归口单位"）。各技术委员会或技术归口单位提出国家标准计划项目的建议，报其行政主管部门审查通过

5 公共文化服务标准体系的实施模式与路径

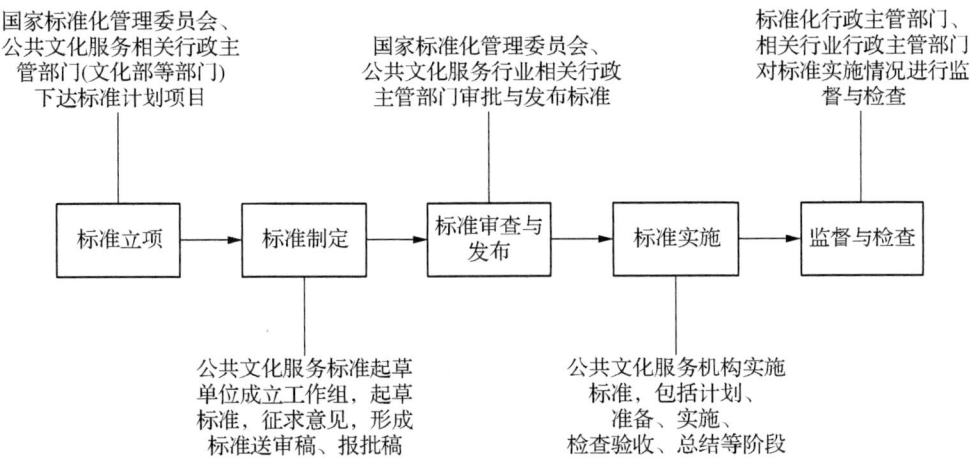

图 5-1　公共文化服务标准化的实施路径
（图片来源：笔者自绘）

后，于 9 月底提出国家标准计划项目草案和项目任务书报标准化管理委员会。国家标准化管理委员会对上报的国家标准计划项目草案审批后即可下达国家标准计划项目。

文化部及其领导的多个全国专业标准化技术委员会，以及其他行业相关技术委员会根据公共文化服务体系建设的需求，提出公共文化服务的标准计划项目，由国家标准化技术委员会审批后，公共文化服务标准项目即可正式立项。文化部于 2007 年将文化领域急需标准、公共文化安全标准等作为重点计划项目。在国家标准化管理委员会发布的《标准化事业发展"十二五"规划》中，也明确提出要加大社会管理和公共服务标准化力度，建立社会管理和公共服务标准体系。可见无论是公共文化服务的行政主管部门还是标准化的行政主管部门，都对公共文化服务标准化非常重视。可以预见的是，未来一段时间将会有越来越多的公共文化服务标准立项。

2）公共文化服务标准的制定

国家标准化管理委员会下达标准制订计划后，由全国专业标准化技术委员会或专业标准化技术归口单位协助组织计划的实施[①]。企业、科研机

---

① 国家质量监督检验检疫总局. 全国专业标准化技术委员会章程[EB/OL]. [2006-10-27]. http://www.aqsiq.gov.cn/xxgk_13386/zvfg/flfg/200610/t20061027_17145.htm

构、公共文化服务机构等社会各界力量都可以参与公共文化服务标准的起草。不同类型的单位各具特色和优势，在联合起草标准的过程中可建立灵活多样的合作模式。公共文化服务机构是标准的主要实施者，对公共文化服务的实际情况最为了解；企业对文化市场的变化最为敏感，能敏锐地捕捉文化产业的市场需求；政府行政主管部门对相关法律、政策最为熟悉，可以确保标准的正确导向；科研机构、高等院校和专家工作组能为标准的起草提供专业理论支持和技术支撑，认证认可机构和技术监督部门对标准的实施与推广起着重要的监督管理作用。多个不同类型的单位联合起草标准，资源共享，优势互补，提高了标准的科学性和权威性。

3）公共文化服务标准的审查与发布

标准起草单位提交标准的送审稿后，由全国专业标准化技术委员会或专业标准化技术归口单位组织审查，并提出审查结论意见，然后再报送下达标准项目计划的主管部门审核继而发布。

4）公共文化服务标准的实施

公共文化服务标准的实施，就是把标准规定的各项要求在生产、技术、管理和服务的实践环节中贯彻下去。公共文化服务标准只有付诸实践，才能发挥出它们的作用和效益；公共文化服务标准的质量和水平，也只有在实施过程中才能得以体现。同时在标准实施的过程中，也可以及时发现公共文化服务标准中存在的问题，为标准的修订或废止提供依据。在持续的标准实施、修订过程中，才能不断地适应环境的变化，不断地将新的技术和理念纳入到标准中，补充标准中的不足之处，有效地指导公共文化服务的开展。

标准的实施大致包括计划、准备、实施、检查验收和总结等步骤。① 计划：在标准实施前，公共文化服务机构首先要结合本单位的实际情况，制订实施标准的计划。② 准备：明确标准实施的责任机制，对新标准进行宣传和普及，为标准的实施做好准备工作。③ 实施：正式实施公共文化服务标准时，可以有直接采用、补充实施、提高实施等方式。直接采用就是按公共文化服务标准毫无改动地实施，例如公共文化服务的基础标准各公共文化服务机构均应直接采用；补充实施就是在不违背公共文化服务标准的基本原则下，对标准未规定的具体内容在实施中做一些补充；提高实施就是为了提高服务质量和公众满意度，以国内外先进水平为目标，在公共文化服务标准的基础上提出更高的标准，实施于生产与服务过程中。④ 检查验收：公共文化服务机构对生产与服务的各个环节进行检查，对标准的实施效果进行评估。⑤ 总结：对标准实施中发现的各种问题进行整理、分析和总结，提出有针对性的意见和建议反馈给标准制定部门。

5）公共文化服务标准实施的监督检查

对标准的实施情况进行监督和评价是依据标准化的相关法律、法规和部门规章，对有关部门、机构实施标准情况进行监督检查和处理，以确保标准正确贯彻执行的重要环节。

对公共文化服务标准化活动进行监督检查的政府部门主要包括两类，一类是县级以上标准化行政主管部门，另一类是各行业的主管部门。我国县级以上政府标准化行政主管部门多为各省、市、自治区的质量技术监督局，有权对公共文化服务的强制标准（如公共文化服务的安全标准、环境与卫生标准等）的实施情况，进行监督，它们做出的监督和检验结果具有法律效力。各行业的主管部门，如文化行业的主管部门文化部，广播电影电视行业的主管部门国家新闻出版广播电影电视总局等，主要对本行业所属企事业单位标准的实施进行监督和检查。

第三方机构、公共文化服务机构、社会公众也可以积极参与到公共文化服务标准的监督与检查中来，相互配合、相互补充，形成多个评价主体、多种评价方式相结合的监督体系。

5.4　本章小结

美国、法国和英国的公共文化服务标准化模式分别可归纳为"民间自愿"模式、"政府主导"模式、"共同管理"模式。美国的"民间自愿"模式可以最大限度地调动社会资源提供公共文化服务，能通过市场及时、灵活地感知并满足公众的公共文化需求，避免政府的行政干预失误造成的负面影响，实现公共文化服务效率的最大化。法国的"政府主导"模式充分发挥政府的宏观调控与监管作用，能有效地掌控公共文化服务标准化的发展与完善。英国的"共同管理"模式介于美国和法国之间，政府和民间组织在公共文化服务标准化过程中各司其职，从不同的角度发挥作用。我国的标准化管理体制和公共文化服务模式与法国相似，都是依靠政府在其中发挥主导作用，这决定了我国当前的公共文化服务模式应为政府主导型模式，即：公共文化服务标准由政府来主导、组织各方力量来制定。

公共文化服务标准化涉及的主体主要包括公共文化服务行政主管部门、标准化行政主管部门、全国专业标准化技术委员会、标准起草单位、公共文化服务机构。公共文化服务标准化的实施路径包括标准立项、标准制定、标准的审查与发布、标准的实施、标准实施的监督检查。

6 公共文化服务标准体系的设计

6.1 公共文化服务标准体系设计的原则与方法

6.1.1 基本原则

(1) 目标明确

按照系统论的观点,公共文化服务标准体系首先是一个系统。要构建好这个系统,就一定要确立一个系统建立的总目标,然后根据总体目标,将其分解、落实到各个子系统或系统的组成要素,从而确定每个要素或子系统自身的功能。公共文化服务标准体系要以适应公共文化服务体系建设和新时期文化产业发展需要为前提,以促进公共文化服务的享受机会、过程和结果均等化为核心,以提高公共文化服务服务的产品和质量为目标,借鉴国外成功经验,建立健全适合我国经济社会发展现状的公共文化服务标准体系。公共文化服务标准应依据公众需求编写,保护公众文化权益,尤其是考虑老年人、儿童、不同文化背景以及不同行为能力等特殊人群的期望和权益[1]。公共文化服务标准只有融入公共文化服务体系建设和文化产业的发展之中,才能发挥其应有的作用和效益。公共文化服务标准体系的构建,必须贴近公共文化服务体系建设和文化产业发展的实际情况,多角度全方位地建立一个标准框架体系。

2) 系统完善

公共文化服务标准体系作为一个系统,不是任意数量标准的简单累加,也不是随意地、杂乱地堆砌,而是由一整套相互依赖、相互协调和相

---

[1] 中国标准化研究院.GB/T 28222-2011 服务标准编制通则[S].北京:中国标准出版社,2011.

互补充的公共文化服务标准按照一定的规则联系组合而成的。

3）结构合理

任何系统要发挥其系统功能都需要有稳定合理的结构作支撑。公共文化服务标准之间的内在关联是形成公共文化服务标准体系结构的依据，各标准的功能通过标准相互间的内在联系融合为标准体系的整体功能，并使整体功能超过各标准功能的叠加。标准之间有并列与协调、制约与从属等关系，决定了标准体系内常见的结构层次结构和序列结构等形式。公共文化服务标准体系的结构要清晰，恰当地在不同层次上安排标准，实现标准体系的简化和高效[①]。确立公共文化服务标准体系的结构形式后，要在一定时间范围内保持结构稳定，以确保标准体系整体功能的持续发挥。

4）动态开放

结构相对稳定并不意味着公共文化服务标准体系一成不变。任何标准都有其生命周期，公共文化服务标准体系应根据标准的生命周期及时修订。当公共文化服务体系建设、文化产业的发展以及我国经济社会环境发生变化时，内容不合时宜或者较为落后的标准就要被更先进、科学的标准所取代。尤其是当今科技的迅猛发展必然带来公共文化服务的范围和方式、需求不断革新，推动旧标准不断地废止和新标准的不断产生。因此公共文化服务标准体系必须在维持基本稳定的同时又有一定的开放性。系统的开放性需要保持与外部环境的物质、能量和信息的交换，从外部持续引入负熵，对现有标准及结构进行调整，才能保证公共文化服务标准体系在持续发展变化中维持结构和功能的动态平衡。

5）全面与前瞻

应对公共文化服务体系建设和文化产业发展中需要协调统一的各种重复性事物和概念有深入理解，全面研究需要制定的公共文化服务标准，尽可能使公共文化服务标准全面成套，标准内容齐全完备。还应有超前意识，准确把握公共文化服务的发展趋势，使公共文化服务标准的制定立足

---

① 中国标准化研究院.GB/T 13016-2009 标准体系表编制原则和要求[S].北京：中国标准出版社，2009．

当前、关注长远、扎根国内、面向国际，使标准体系具有一定的前瞻性。公共文化服务标准应依据各相关行业的发展现状和趋势以及服务技术条件编写，尽可能地设定一些可量化的指标，并确保指标的适用性和先进性。

6.1.2 主要方法

根据国家标准 GB/T 30226-201《服务业标准体系编写指南》，服务业标准体系的构建方法主要有服务流程法、服务要素法、服务对象法、服务项目法等方法[①]。

1）服务流程法

适用于服务流程相对固定单一、不因服务对象或服务项目的不同而发生变化的服务活动。

2）服务要素法

适用于主要依托各类要素集成而提供服务的活动，例如旅游服务标准体系结构图通常按照"吃、住、行、游、购、娱"六大要素来构建。首先对标准化对象进行系统分析，从中提取各类要素。

3）服务对象法

适用于因服务对象的不同而需提供不同项目的服务活动，例如养老服务标准体系结构图可按照自理老年人（心理咨询、紧急救援服务）、半自理老年人、失能老年人（健康监护、日间照料）的不同类型来构建。

4）服务项目法

适用于通常提供不同组合、不同种类服务项目的服务活动。例如汽车售后服务标准体系可以按照汽车维修、汽车租赁、汽车美容、汽车检测、二手车经营等来构建。

由于公共文化服务涉及服务行业较多，服务项目难以组合，服务流程差异较大，服务对象广泛，因此服务流程法、服务对象法和服务项目法都不太适合。而服务要素法更适于分析较为复杂的标准体型结构，因此本书

---

① 全国服务标准化技术委员会.GB/T 30226-2013 服务业标准体系编写指南[S].北京：中国标准出版社,2014.

主要采用服务要素法来构建公共文化服务标准体系。

要构建公共文化服务的标准体系,首先对公共文化服务的要素进行系统分析,掌握公共文化服务的基本要素及其逻辑关系,然后从中提取标准化对象以及标准化对象之间的关联。然后从不同的维度分层展开各要素的标准结构,进而针对标准化对象及其相互关联设计相互联系、相互依赖的标准,以构成科学、完整、能发挥系统效应的公共文化服务标准体系。

6.2 公共文化服务标准体系的设计思路

6.2.1 公共文化服务标准的需求分析

1) 公共文化服务标准化对象的特性

掌握公共文化服务标准化的需求,明确标准化对象和标准化内容体系是构建公共文化服务标准体系的基础。并不是所有事物都需要或适合标准化,标准化的对象具备一定的特性才能保证标准化取得良好的实际效果。公共文化服务标准化的对象是指在政府公共文化服务整个流程和所有项目中有以下特性的事物。

(1) 重复性

只有对公共文化服务过程中反复出现的事物进行标准化采用才具有实际意义。标准是实践经验的总结,具有重复性特征的事物才能把以往的经验加以积累,事物具有重复性特征,标准才能反复适用。

(2) 共同性

标准着眼于整体的协商一致,反映的是共同的经验和协商后的利益考虑。从共同性出发制定的标准才能体现出科学性、民主性和公正性。公共文化服务标准化对象的重复性和共同性决定了标准的权威性,这两个特征体现得越充分,标准实施就越有力。

(3) 多种可能性

公共文化服务需要标准化是因为有多种发展可能性的事物,只有一种发展可能的事物不需要规范。对有多种发展可能性的事物进行规范必须取得实效,才能体现标准化的效果。

2）公共文化服务系统标准化要素

对公共文化服务的基本要素进行系统分析，并根据上述三种特性来选择标准化对象，结果如图6-1所示。公共文化服务系统中需要标准化的五个要素是：公共文化服务环境、公共文化服务团体（提供者）、公共文化服务设施设备及用品、公共文化服务过程以及社会公众。

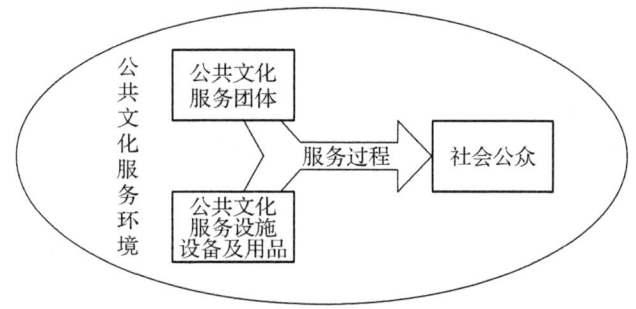

图6-1 公共文化服务的系统要素
（图片来源：笔者自绘）

（1）公共文化服务环境

任何服务都离不开当下的环境，公共文化服务需要在适宜的环境中开展。公共文化服务的环境大致可分为室外和室内两种：室内的公共文化服务主要是在专门的服务设施中进行，如图书馆、博物馆、美术馆、文化馆等等；室外的公共文化服务在露天环境（如文化广场、公园）等场所中进行。为了有效地提供公共文化服务，服务环境首先就需要满足一些基本的要求，如场地面积大小的要求，适宜的温度、湿度、光线、噪声、空气质量等环境方面的要求，充足的垃圾桶、厕所、地面清洁度等卫生方面的要求，防火、防震、安全疏散等安全方面的要求。这些要求都需要用相应的环境卫生与安全标准来进行规范，以确保公共文化服务的高质量。

（2）公共文化服务团体

公共文化服务团体是支撑我国公共文化服务体系建设、开展公共文化服务的人力资源保障。公共文化服务团体包括新闻、图书、报刊、音像、版权、广播、电视、电影、演员、作家、文学艺术、美术家、文物、博物馆、图书馆、文化馆等服务人员群体和文艺演出团体等。要确保公共文化服务的质量，就需要公共文化服务团体拥有一定的服务技能和专业知识，达到工作所需的资质要求（专业、学历、工作经验等），具备符合标准的服务礼仪和态度，并定期对其工作绩效进行考核。因此需要制定相应的人员资质标准，通过标准的实施来确保公共文化服务的质量提高。

（3）公共文化服务设施设备及用品

设施、设备和用品是提供公共文化服务的物质保障和实体支撑。常见公共文化服务设施有公共图书馆、公共博物馆、公共美术馆、文化馆（站）、社区（村）文化服务中心等。公共文化服务中用到的设备和用品的数量、种类、技术都应有相应的标准，而公共文化服务设施的开放管理与服务也都应有相应标准进行规范。

① 主要公共文化服务设施

Ⅰ．公共图书馆。公共图书馆一般由政府税收来支持，其馆藏大多是综合性的，通常还建有地方文献专藏，可以为所有的普通居民服务，国外公共图书馆也常常为社区活动提供场所。Ⅱ．公共博物馆。公共博物馆一般具有典藏、研究、展示、教育等功能，通过收藏、保护和展示具有科学、艺术或历史重要性的藏品来提供公共文化服务。公共博物馆是展示和传播社会历史文化知识、传承优秀文化传统的重要载体，是培养和引导公共意识、社会文化的重要资源，对于社会公众的文化、审美修养的提高有重要作用。Ⅲ．公共美术馆。公共美术馆是专门保存、展示艺术作品的场所，通常兼具文化推广与教育研究功能。Ⅳ．文化馆。文化馆也被称为文化活动中心，主要职能是组织群众进行文化活动，指导群众业余文艺团队建设，指导本地区老年文化、老年教育、少儿文化工作。

公共文化服务设施主要需要两方面的标准：一方面要有明确的建设标准，以便各级政府投入足够的资金、人力、物力来兴建公共文化服务设施；另一方面，公共文化服务设施需要制定开放服务规范，为公众提供基本均等的公共文化服务。

② 公共文化服务设备及用品

公共文化服务中的设备和用品范围很广，常见文化服务用品包括办公用品、中外乐器、试听设备、油墨颜料、照明灯具等等，常用文化服务设备包括印刷设备、广播电视节目制作及发射设备、广播电视接收设备及器材、应用电视设备、电影机械、幻灯投影设备、舞台设备等。首先，这些设备、用品的生产制造需要满足相应的产品技术标准，以确保其安全卫生以及功能的正常发挥；其次，公共文化服务机构配备的相关设备用品的种类、数量也应有相应的标准进行规范，确保满足公共文化服务使用的需要；最后，服务设备和用品的使用和处理也要符合环境保护的相关要求。

（4）公共文化服务过程

公共文化服务是公共文化服务团体与社会公众交互的过程。完善公共文化服务过程就需要重视两方面的标准：一方面，公共文化服务团体需要有相应的服务标准来规范服务内容、服务礼仪和服务行为；另一方面，公共文化服务设施、设备和用品需要满足各类公众，包括老年人、残疾人、儿童等的使用需要。制定科学、合理、实用的服务标准是构建公共文化服务标准体系的核心，是提高公共文化服务质量的关键。

（5）社会公众

现代公民有享受文化发展成果的权利、参与文化活动的权利、开展文化创造活动的权利、文化成果受到保护的权利。因此享受公共文化服务是公众的基本文化权利之一。建立公共文化服务标准体系最终目的就是为了保障公众的文化权利，实现基本公共文化服务的均等化。而公众的满意度是评价服务成败的最重要指标，公共文化服务标准中应有标准为公众提供评价服务质量的方法，应有调查与评估顾客满意度的标准。

3）公共文化服务要素标准化的六个方面

综上所述，经过系统分析，发现公共文化服务有五个基本要素：公共文化服务环境、公共文化服务提供者、公共文化服务设施设备及用品、公共文化服务过程以及社会公众。这些要素需要从服务规范，人员，环境卫生，安全要求，运行管理，设施、设备及用品这六个方面进行标准化。

（1）服务规范

这类标准规定公共文化服务应达到的水平和服务的质量特性要求，一般对以下方面作出规定：功能性、经济性、安全性、舒适性、时效性、文明性等。或者是为确保公共文化服务提供过程满足服务规范的要求，这类标准对服务的方法与手段（如服务流程、职责、预防性措施、与用户或顾客沟通的安排等）作出规定。此类标准对公共文化服务设施的开放服务作出统一规定，使公众享受基本均等的服务过程和服务结果。

（2）人员

对这类标准从教育与培训、技能与经验，以及健康与素养等方面规定公共文化服务从业人员的资质要求，确保公共文化服务有高水平的人力资源保障。

（3）环境卫生

这类标准规定公共文化服务应具备的环境条件和环境保护的要求，包括环境条件（温度、湿度、光线、空气质量、清洁卫生、噪声限值、场地面积）、环境因素的识别和评价要求（向大气、水体、土地排放）、环境运行控制（废物处理、能源消耗、噪声控制、废气排放、视觉污染，提高环境绩效）、环境意识等，确保服务环境的健康清洁。

（4）安全要求

这类标准规定与公共文化服务提供过程与服务结果有关的安全要求，包括安全保障措施，服务场所的安全保障要求，服务用品使用的安全要求，服务设施的安全要求，服务从业人员、服务对象的安全要求等。例如对公共文化服务设施做出防火、防震、安全疏散等安全方面的要求，确保公众的人身财产安全。

（5）运行管理

这类标准规定对各项公共文化服务运行管理活动（如计划、组织、领导、控制等）的要求，包括方针目标管理、信息管理、沟通管理、财务管理、人力资源管理、能源管理、市场营销管理、合同管理、采购管理、评价（对服务过程和结果的监视和测量、顾客满意度等）、持续改进等。例如制定公共文化服务质量和顾客满意度的评估方法和相应指标，进行公共文化服务的绩效考核，对服务团体和服务设施进行分等分级等。

（6）设施、设备及用品

这类标准规定公共文化服务的设施、设备和用品相关的建设、购置、验收、使用、存放、维护、保养和报废处置等方面的要求。包括提供服务和运行管理所需的设施、设备和用品的数量、等级、维护保养要求、使用管理要求等。

6.2.2 公共文化服务涉及的行业领域

为建立科学可行的文化及相关产业统计制度，国家统计局制定了《文化及相关产业分类（2012）》。该分类以《国民经济行业分类》（GB/T 4754-2011）为基础，定义和覆盖范围上可与联合国教科文组织的研究成果《文化统计框架—2009》相衔接。该分类把文化生产活动划分为2个部分（文化产品生产、文化相关产品生产），10个大类，50个中类和120个具体文化活动小类。文化生产活动的10个大类分别是新闻出版发行服务、广播电视电影服务、文化艺术服务、文化信息传输服务、文化创意和设计服务、文化休闲娱乐服务、工艺美术品的生产、文化产品生产的辅助生产、文化用品的生产、文化专用设备的生产。广义地说，这10个大类及其具体小类都应属于公共文化服务所涉及的范畴。

2015年1月，中共中央办公厅、国务院办公厅印发了《国家基本公共文化服务指导标准（2015—2020年)》，提出了公共文化服务的7个基本项目，包括读书看报、收听广播、观看电视、观赏电影、送地方戏、设施开发、文体活动等。

《文化及相关产业分类（2012）》为界定我国文化及相关单位的生产活动提供了依据，为文化事业和文化产业的宏观管理提供了参考，为文化及相关产业的统计提供了统一的定义和范围。本书将《文化及相关产业分类（2012）》和《国家基本公共文化服务指导标准（2015—2020年)》进行对照，确定各公共文化服务项目最相关的具体文化行业和行业代码。

表6-1是基本公共文化服务项目与文化行业的对应情况，读书看报、收听广播等基本服务项目都与相应的文化行业和代码相对应，表中的10个行业基本覆盖了公共文化服务的范围。另外，公共文化服务的所有服务项目都要依靠相应的设备、用品和技术来开展，这方面的标准分别对应文化产业分类中的第九和第十两个大类，即文化用品的生产、文化专用设备的生产。

表 6-1 公共文化服务的主要相关行业

公共文化服务项目	文化行业分类			国民经济行业代码
	大类	中类	小类/延伸层	
读书看报	文化艺术服务	图书馆与档案馆服务	图书馆	8 731
收听广播	广播电视电影服务	广播电视服务	广播	8 610
观看电视	广播电视电影服务	广播电视电影服务	电视	8 620
观赏电影	广播电视电影服务	电影和影视录音服务	电影放映	8 650
送地方戏	文化艺术服务	文艺创作与表演服务	文艺创作与表演	8 710
设施开放	文化艺术服务	文艺创作与表演服务	艺术表演场馆	8 720
	文化艺术服务	文化遗产保护服务	博物馆	8 750
	文化艺术服务	文化遗产保护服务	烈士陵园、纪念馆	8 760
文体活动	文化艺术服务	群众文化服务	群众文化活动	8 770
	文化艺术服务	文化研究和社团服务	专业性团体（的服务）/文化团体的服务*	9 421

*注：《文化及相关产业分类（2012）》中规定文化团体的服务包括新闻、图书、报刊、广播、电视、电影等团体的服务。

（表格来源：笔者自绘）

6.2.3 公共文化服务标准的级别

国家标准是由我国标准化管理委员会发布并在全国范围内实施的标准；行业标准是由国家有关行政主管部门公开发布的标准，仅在本行业内实施；地方标准是由各地标准化行政主管部门公开发布的标准，只在本地区内实施；企业标准是由企业制定并由企业法人代表批准、发布的标准，通常只在企业内部应用。公共文化服务面向的是我国全体社会公众，其服务范围的公共性、广泛性以及潜在的均等化要求，决定了公共文化服务标准应在国家层面或行业层面作出统一规定。

国家标准对公共文化服务作出总体规定，全国范围内通用。行业标准对具体行业的产品和服务作出明确规定，规范本行业领域的生产与服务。企业标准、地方标准级别太低，只有上升到行业标准或国家标准才能成为公共文化服务标准。国际标准代表全球较高的技术、管理和服务水平，采用国际标准可以提高我国公共文化服务标准的国际化水平，ISO 11620-2008《信息与文献 图书馆绩效指标》即为国际标准，被我国标准 GB/T

29182-2012《信息与文献 图书馆绩效指标》采用。若将我国公共文化服务标准上升为国际标准,则无疑可以提升我国文化软实力和国际影响力。而区域标准化组织主要针对经济、技术领域的标准化,对文化服务关注较少,尚未发现影响较大的区域文化服务标准。因此,本书设计的公共文化服务标准体系主要包括国际标准、国家标准、行业标准这三个级别。

6.2.4 公共文化服务标准的维度

公共文化服务是综合的、复杂的,为了更全面、系统、完整地构建公共文化服务的标准体系,需要从多个维度进行考虑。内容、领域、级别是每个标准天然具备的三个基本维度,因此本书从这三个维度来分析公共文化服务标准体系。图6-2为公共文化服务标准体系的三维结构图,分别用X、Y、Z三个坐标轴来代表标准的领域维、内容维和级别维,依据前文的分析,各维度的内涵如下:

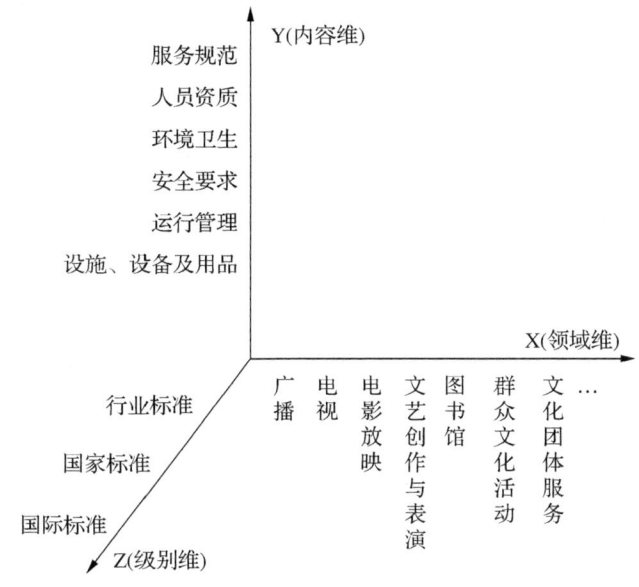

图6-2 公共文化服务标准的三个维度
(图片来源:笔者自绘)

1) 内容维度

公共文化服务标准主要包括服务规范、人员资质、运行管理、环境卫生、安全要求、设施设备及用品等内容。

2）领域维度

公共文化服务涉及图书馆、广播、电视、电影放映、文艺创作与表演、艺术表演场馆、博物馆、烈士陵园、纪念馆、群众文化活动、文化服务团体等 11 个文化行业领域，各个行业都需要制定相应的公共文化服务标准。

3）级别维度

公共文化服务标准分为国际标准、国家标准和行业标准这三个级别。

6.3 公共文化服务标准体系结构图与明细表

6.3.1 公共文化服务标准体系结构图

根据特定公共文化服务标准在标准体系中的实际功能作用，可以从功能和层次的角度来搭建公共文化服务标准体系的框架。公共文化服务标准体系包括四个层次：基础标准、技术支撑标准、通用标准和行业领域标准（见图 6-3）。这些公共文化服务标准可以划分为以下几类：① 公共文化服务基础标准（图 6-4）；② 公共文化服务技术支撑标准（图 6-5），这一类标准主要针对公共文化服务设备和用品的生产技术标准，以及新兴技术在公共文化服务中的应用标准；③ 公共文化服务通用标准（图 6-6）；④ 公共文化服务的行业领域标准。基本公共文化服务涉及博物馆、烈士陵园、纪念馆、群众文化活动、文化团体服务等多个具体行业，各行业都需要结合公共文化服务通用标准和本行业领域特色制定相应的具体标准。

6 公共文化服务标准体系的设计

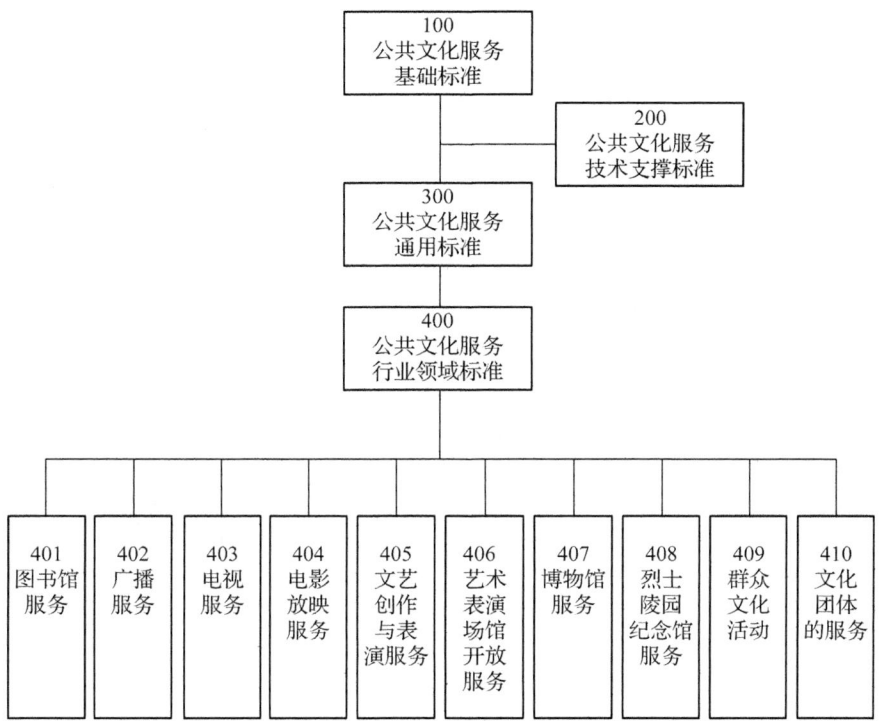

图 6-3 公共文化服务标准体系框架
（图片来源：笔者自绘）

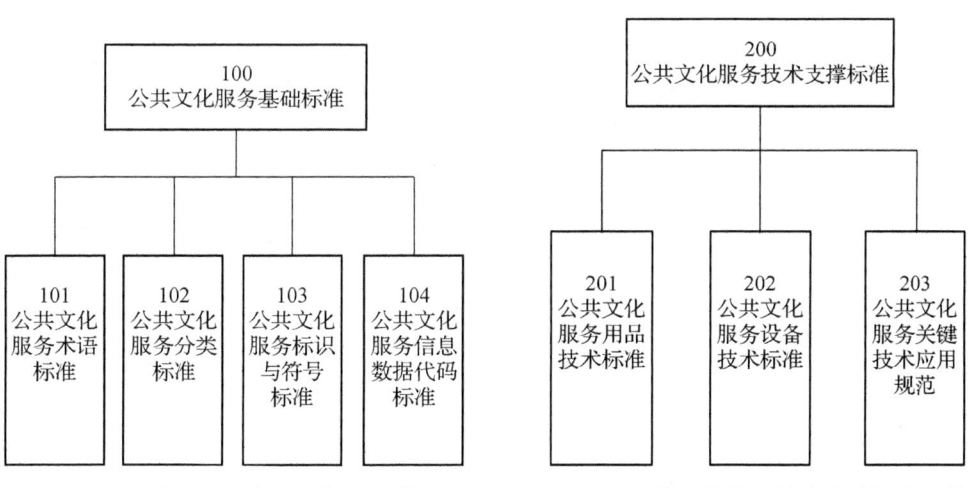

图 6-4 公共文化服务基础标准子体系　　**图 6-5 公共文化服务技术支撑标准子体系**
　（图片来源：笔者自绘）　　　　　　　　　　（图片来源：笔者自绘）

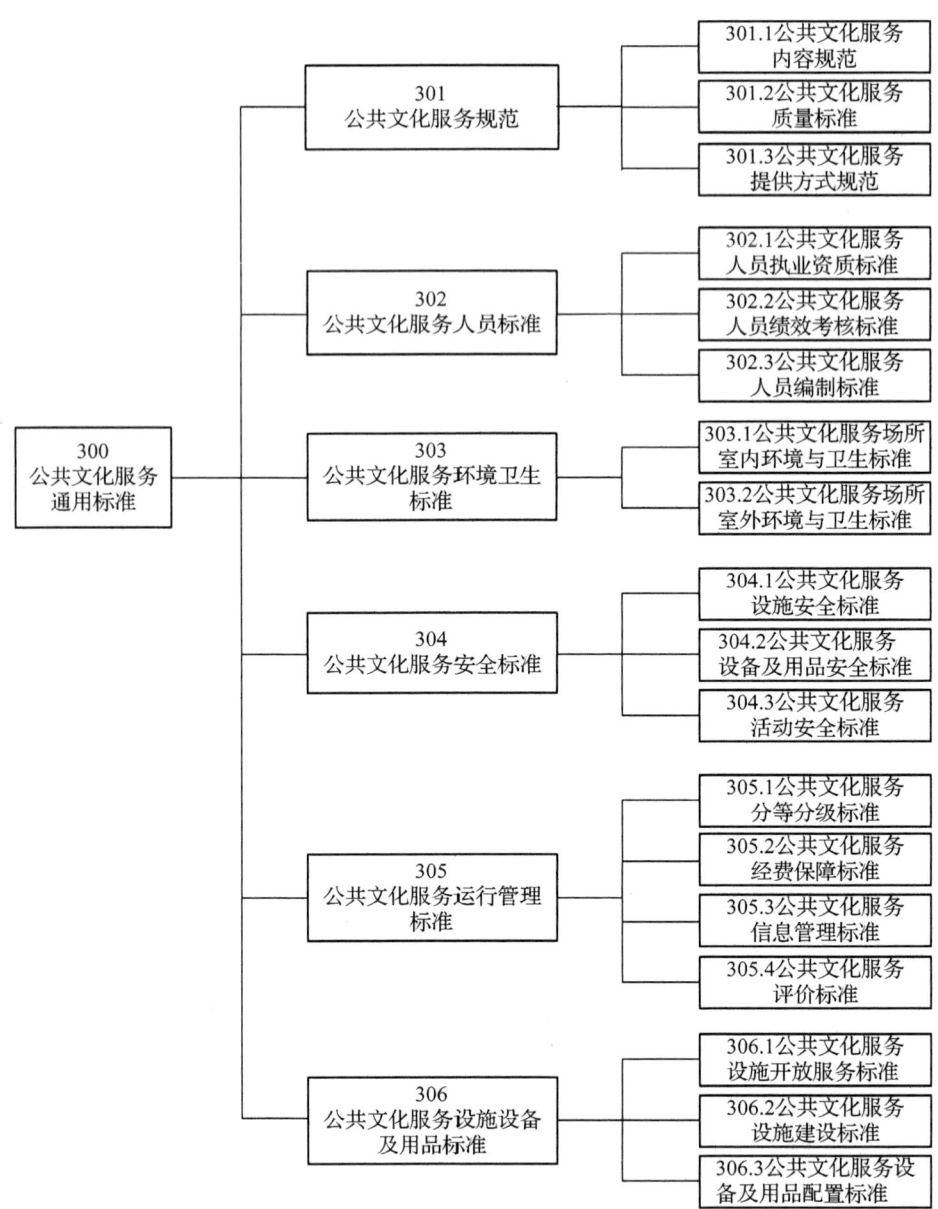

图 6-6 公共文化服务通用标准子体系
（图片来源：笔者自绘）

6.3.2 公共文化服务标准体系明细表

标准体系结构图和标准体系表都是标准体系的核心组成部分。标准体系表是编制标准、制定修订规划和计划的依据之一，是促进一定标准化工作范围内的标准达到科学合理化的基础[①]。公共文化服务标准体系表主要给出该标准体系中所有标准的相关信息，并按照标准体系结构图中的构图方式一一对应、依次罗列，具体见表6-2。由于公共文化服务的范围和服务方式、管理机制不断拓展，未来必然会需要制定新的标准，因此该表在每个子标准体系中都预留了一条"其他标准"。

表6-2 公共文化服务标准体系表

层次	体系编号	标准名称
100 公共文化服务基础标准	101 公共文化服务术语标准	101.1 公共文化服务术语标准
		101.2 其他标准
	102 公共文化服务分类标准	102.1 公共文化服务分类标准
		102.2 其他标准
	103 公共文化服务标识与符号标准	103.1 公共文化服务标识与符号标准
		103.2 其他标准
	104 公共文化服务信息数据代码标准	104.1 公共文化服务信息数据代码标准
		104.2 其他标准
200 公共文化服务技术支撑标准	201 公共文化服务用品技术标准	201.1 公共文化服务用品设计标准
		201.2 公共文化服务用品质量标准
		201.3 公共文化服务用品工艺标准
		201.4 公共文化服务用品检验和试验标准
		201.5 公共文化服务用品医药卫生和职业健康标准
		201.6 公共文化服务用品安全标准
		201.7 其他标准

---

① 李上. 公共服务标准化体系及评价模型研究[D]. 北京:中国矿业大学,2010.

续表 6-2

层次	体系编号	标准名称
200 公共文化服务技术支撑标准	202 公共文化服务设备技术标准	202.1 公共文化服务设备设计标准
		202.2 公共文化服务设备质量标准
		202.3 公共文化服务设备工艺标准
		202.4 公共文化服务设备检验和试验标准
		202.5 公共文化服务设备医药卫生和职业健康标准
		202.6 公共文化服务设备安全标准
		202.7 其他标准
	203 公共文化服务关键技术应用规范	203.1 公共文化服务关键技术标准
		203.2 其他标准
300 公共文化服务通用标准	301 公共文化服务规范	301.1 公共文化服务内容规范
		301.2 公共文化服务质量标准
		301.3 公共文化服务提供方式规范
		301.4 其他标准
	302 公共文化服务人员标准	302.1 公共文化服务人员执业资质标准
		302.2 公共文化服务人员绩效考核标准
		302.3 公共文化服务人员编制标准
		302.4 其他标准
	303 公共文化服务环境与卫生标准	303.1 公共文化服务场所室内环境与卫生标准
		303.2 公共文化服务场所室外环境与卫生标准
		其他标准
	304 公共文化服务安全标准	304.1 公共文化服务设施安全标准
		304.2 公共文化服务设备及用品安全标准
		304.3 公共文化服务活动安全标准
		其他标准

续表 6-2

层次	体系编号	标准名称
300 公共文化服务通用标准	305 公共文化服务运行管理标准	305.1 公共文化服务分等分级标准
		305.2 公共文化服务经费保障标准
		305.3 公共文化服务信息管理标准
		305.4 公共文化服务评价标准
		其他标准
	306 公共文化服务设施设备及用品标准	306.1 公共文化服务设施开放服务标准
		306.2 公共文化服务设施建设标准
		306.3 公共文化服务设备及用品配置标准
		其他标准
400 公共文化服务行业领域标准	401 图书馆行业服务标准	—
	402 广播行业服务标准	—
	403 电视行业服务标准	—
	404 电影放映行业标准	—
	405 文艺创作与表演行业服务标准	—
	406 艺术表演场馆行业服务标准	—
	407 博物馆行业服务标准	—
	408 烈士陵园及纪念馆行业服务标准	—
	409 群众文化活动行业服务标准	—
	410 文化团体服务行业服务标准	—
	411 其他行业领域标准	—

（表格来源：笔者自绘）

6.4 公共文化服务标准体系的内涵

6.4.1 公共文化服务基础标准

公共文化服务基础标准是在一定范围内作为其他公共文化服务标准的基础并普遍使用的标准，对于体系内其他标准具有广泛指导意义。公共文化服务基础标准主要包括四个标准：公共文化服务术语标准、公共文化服务分类标准、公共文化服务标识与符号标准系列、公共文化服务信息数据代码标准。

公共文化服务术语标准主要对公共文化服务中涉及的术语和概念进行明确规定，为体系内其他标准建立统一、完整、规范的术语体系。

公共文化服务分类标准主要内容是根据公共文化服务的不同行业、不同内容、不同方式等分类原则，将公共文化服务分成不同类别，以便于公共文化服务资源的统计和政府公共资源的配置。

公共文化服务标识与符号标准主要是对公共文化服务中涉及的主要标识与符号进行明确的规定。标识与符号是信息的载体，将公共文化服务中的复杂信息浓缩在标识与符号中，可帮助社会公众迅速准确地理解服务的内容、性质等信息。因此建立科学规范的标识与符号体系是必要的，标识与符号标准可以确保符号语言的一致，使服务的提供者、管理者和接受者都能准确理解标识和符号的信息。公共文化服务信息数据代码标准主要是针对公共文化服务数字化、网络化的发展趋势，规定公共文化服务相应业务领域代码、服务部门分类代码、服务活动代码等，便于统一公共文化服务的基础元数据，便于数据的存储、传输、分析与利用。

6.4.2 公共文化服务技术支撑标准

公共文化服务的发展离不开科学技术的支撑，公共文化服务技术支撑标准主要解决服务中的相关技术问题。这一类标准主要包括公共文化服务设备和用品的生产技术标准，以及公共文化服务关键技术应用规范。公共文化服务的设备和用品技术标准包括设计标准、质量标准、工艺标准、检验和试验标准、医药卫生和职业健康标准、安全标准等方面。随着文化与科技融合的趋势日益明显，公共文化服务中也会应用越来越多的新兴技术。以云计算、物联网、移动互联网、大数据、智慧城市为代表的新科技必将对文化需求和文化产品与服务的提供方式产生不可估量的影响，这些关键技术在公共文化服务中的应用需要有相应的标准进行规范。公共文化服务关键技术应用规范标准的制定将会促进文化与科技的融合，以及新技术的推广应用。

6.4.3 公共文化服务通用标准

公共文化服务通用标准主要包括公共文化服务的服务规范、人员、运行管理、环境卫生、安全要求、设施设备及用品六个方面的系列标准。

(1) 公共文化服务规范系列标准主要包括公共文化服务的内容标准（内容审核、内容版权等）、质量标准（思想倾向、文化含量、审美层次、艺术水平等）、提供方式标准（服务方式、服务渠道等）。

(2) 公共文化服务人员系列标准主要包括公共文化服务人员执业资质标准、绩效考核标准和编制标准，分别对公共文化服务人员的专业资质、服务技能、服务效果和人数配置作出明确规定。

(3) 公共文化服务环境卫生系列标准主要包括公共文化服务的室内和室外的环境卫生标准，分别对室内和室外的环境条件（温度、湿度、光线、空气质量、清洁卫生、噪声限值、场地面积）、环境因素的识别和评价要求（向大气、水体、土地排放）、环境运行控制（废物处理、能源消耗、噪声控制、废气排放、视觉污染、提高环境绩效）、环境意识等进行规定。

(4) 公共文化服务安全要求系列标准主要包括公共文化服务设施安全标准、公共文化服务设备及用品安全标准、公共文化服务活动安全标准。这类标准规定与公共文化服务提供过程与服务结果有关的安全要求，包括安全保障措施、服务场所的安全保障要求、服务用品使用的安全要求、服务设施的安全要求、服务从业人员、服务对象的安全要求等。

(5) 公共文化服务运行管理系列标准主要包括公共文化服务的分等分级标准、经费保障标准、信息管理标准、服务评价标准。公共文化服务分等分级标准根据公共文化服务及其设施的质量对服务进行分级，为公共文化服务的科学管理奠定基础；公共文化服务的经费保障标准明确各级政府对公共文化服务的财政投入标准，为公共文化服务的发展奠定经济基础；公共文化服务的信息管理标准对服务过程中信息的存储、传输、开发、利用、分析进行规范，顺应公共文化服务信息化、数字化、智能化的发展趋势；公共文化服务的评价标准规定服务的评价指标、评价方法，为科学评价的实施提供准绳。

（6）公共文化服务设施设备及用品系列标准主要包括公共文化服务设施开放服务标准、公共文化服务设施建设标准、公共文化服务设备及用品配置标准。这类标准对公共图书馆、博物馆、文化馆、艺术馆等公共文化服务设施的开放做出明确规定，并为相应设施建设项目的立项、审查以及工程实施提供依据。公共文化服务设备及用品配置标准则对公共文化服务过程中设备及用品的数量、种类、使用做出规定。

6.4.4　公共文化服务的行业领域标准

基本公共文化服务涉及图书馆、广播、电视、电影放映、文艺创作与表演、艺术表演场馆、博物馆、烈士陵园、纪念馆、群众文化活动、文化团体服务等具体行业。各行业都需要制定在公共文化服务过程中的服务规范、人员资质、运行管理、环境卫生、安全要求、设施设备及用品等方面的标准。各行业中公共文化服务中具有共性的行业标准，可以融合上升为公共文化服务的通用标准。通用标准中已经有相关规定的，各行业领域应积极执行；而带有本行业领域特色、通用标准中未做规定的，就需要各行业领域建立相应的行业标准。而我国先进标准应争取上升为国家标准，积极向国外推广，提高我国的文化软实力和国际影响力。

6.5　本章小结

本章节通过研究构建公共文化服务标准体系的基本原则和主要方法，采用需求分析、行业领域分析、级别分析相结合的思路，从内容、级别和领域三个维度确立了公共文化服务标准体系的结构，并在此基础上提出了公共文化服务标准体系框架和标准体系表。

公共文化服务标准体系主要包括 4 个层次：公共文化服务基础标准、公共文化服务技术支持标准、公共文化服务通用标准和公共文化服务行业领域标准。

公共文化服务基础标准包括公共文化服务术语标准、公共文化服务分类标准、公共文化服务标识与符号标准、公共文化服务信息数据代码标准。公共文化服务技术支撑标准包括公共文化服务用品技术标准、公共文化服务设备技术标准和公共文化服务中关键技术应用规范。公共文化服务通用标准包括公共文化服务规范、公共文化服务人员标准、公共文化服务运行管理标准、公共文化服务环境卫生标准、公共文化服务安全标准、公共文化服务设施设备及用品标准。公共文化服务行业领域标准包括图书馆行业服务标准、广播行业服务、电视行业服务标准、电影放映行业标准、文艺创作与表演行业服务标准、艺术表演场馆行业服务标准、博物馆行业服务标准、烈士陵园及纪念馆行业服务标准、群众文化活动行业服务标准、文化团体服务行业服务标准。我国先进标准应争取上升为国家标准，积极向国外推广，提高我国的文化软实力和国际影响力。

7 公共文化服务标准体系的运行过程模型

明确标准体系的实施模式与路径，制定公共文化服务的标准体系框架后，需要建立一个针对整个标准体系的管理机制，对标准化过程中的各个因素进行组织、协调、优化，才能使该标准体系持续、稳定地发挥系统效应，切实提高服务质量和公众满意度。我国公共文化服务标准化工作起步时间不长，对单项标准可依据《国家标准管理办法》进行管理，但对整个公共文化服务标准体系的运行管理目前尚未起步。

7.1 公共文化服务标准体系的运行过程

7.1.1 基本过程

与其他标准化活动一样，公共文化服务标准化的整个过程也可划分为3个子过程：标准的制定、标准的实施、标准实施的信息反馈。

1) 公共文化服务标准的制定

国家标准化管理委员会或政府行政主管部门下达公共文化服务标准制订计划后，由全国专业标准化技术委员会或专业标准化技术归口单位协助组织计划的实施，指导和督促分技术委员会、工作组或标准主要负责起草单位进行标准的制定、修订工作。企业、科研机构、公共文化服务机构、认证认可机构、政府行政主管部门、相关行业基金会、卫生部门、标准化监督管理部门、高等院校、专家工作组等社会各界力量都可以参与公共文化服务标准的制定。不同类型的单位各具特色和优势，在联合起草的标准的过程中可建立灵活多样的合作模式。

2）公共文化服务标准的实施

公共文化服务标准的实施，就是把标准规定的各项要求在生产、技术、管理和服务的实践环节中贯彻下去。公共文化服务标准只有付诸实践，才能发挥出它们的作用和效益；公共文化服务标准的质量和水平，也只有在实施过程中才能得以体现。同时在标准实施的过程中，也可以及时发现公共文化服务标准中存在的问题，为标准的修订或废止提供依据。在持续的标准实施、修订过程中，才能不断地适应环境的变化，不断地将新的技术和理念纳入到标准中，补充标准中的不足之处，有效地指导公共文化服务的开展。

3）公共文化服务标准实施的信息反馈

对标准的实施情况进行监督和评价是依据标准化的相关法律、法规和部门规章，对有关部门、机构实施标准情况进行监督检查和处理，以确保标准正确贯彻执行的重要环节。对公共文化服务标准化活动进行监督检查的政府部门主要包括两类，一类是县级以上标准化行政主管部门，另一类是各行业的主管部门。而第三方机构、公共文化服务机构、社会公众也可以积极参与到公共文化服务标准的监督与检查中来，相互配合、相互补充，形成多个评价主体、多种评价方式相结合的监督体系，对标准实施的情况反馈给标准化管理部门和公共文化服务行政主管部门。

7.1.2 迁升过程

标准化三角形可以反映标准化的3个基本过程，即"标准制定—标准实施—信息反馈"（见图7-1）。但是当3个基本过程均已完成时，并不表示标准化活动的终止，而是新一轮的基本过程循环的开始，即新的标准的制定、实施与反馈过程。第一次循环的终点是第二次循环的起点；第二次循环的终点又是第三次循环的起点。标准化水平在3个基本过程的不断循环中不断提高，这才是标准化的全过程。而3个基本过程的每一次循环，都在原有基础上有所进步，使标准体系更加完善，迁升到更高的标准化水平。公共文化服务标准体系在这种不断的循环中，形成金字塔形的迁升轨迹（见图 7-1）。

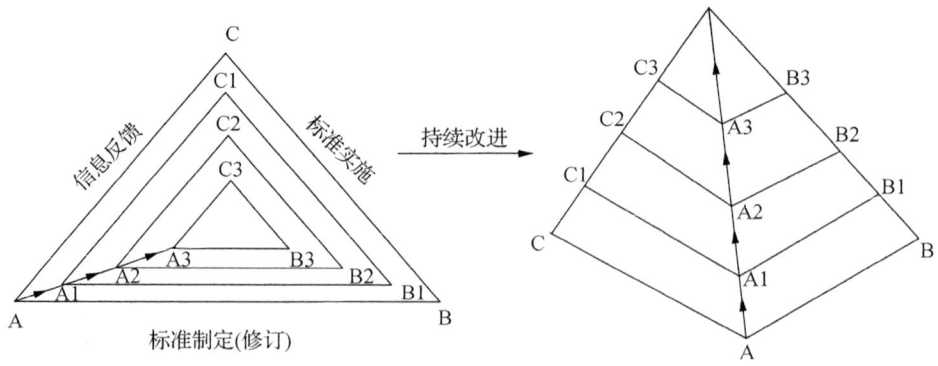

图 7-1　公共文化服务标准体系的迁升过程
（图片来源：笔者自绘）

7.1.3　子过程模型

公共文化服务标准体系的运行过程包括标准化的基本过程和迁升过程。建立科学合理的公共服务标准体系的运行过程模型，可以厘清标准体系管理过程中的关键环节与要素，为公共文化服务标准体系的宏观管理提供科学依据，为该标准体系的持续健康发展奠定基础。

对公共文化服务标准体系的管理公共文化服务标准的制定或修订是信息生成的过程，需要有外力的推动，建立驱动模型可以对相关因素进行分析；公共文化服务标准的实施是信息传递、转化的过程，建立监督评价模型有利于公共文化服务标准体系监督评价工作的宏观布局；针对公共文化服务标准的信息反馈的过程，建立反馈控制模型，可为公共文化服务标准体系的持续协调优化打下基础。总之，针对公共文化服务标准体系运行的3 个基本子过程分别建立相应的模型，可为公共文化服务标准体系的整体管理提供科学依据和理论基础。

7.2　驱动模型

公共文化服务标准体系的构建和实施需要耗费大量的人力、物力、财力，这个过程中也会遇到各种各样的实际困难。如果没有足够的驱动力，或者驱动力不足以克服实施过程中的阻力，公共文化服务标准体系就难以真正发挥作用。因此，首先需要分析公共文化服务标准体系构建与实施过程中的动力因素与阻碍因素，明确公共文化服务标准化的动力机制，然后才能基于动力机制采取有针对性的措施来确保公共文化服务标准体系的顺利运行。

7.2.1 政府推动

在发展和建设公共文化服务体系的过程中，我国政府日益认识到标准化的重要作用，尤其在"十二五"期间，不断出台相关政策、文件来促进公共文化服务标准化的发展。标准化是实现公共文化服务均等化、科学化的重要途径，在政府的重视和大力推动下，我国公共文化服务体系的标准化水平不断提高。

2007年7月13日，文化部提出要加强公共文化服务体系的标准化建设，在2020年以前要建立起较为完善的文化标准体系，并要求各地有关部门采取切实措施贯彻执行。2011年12月23日，国家标准化管理委员会编制了《标准化事业发展"十二五"规划》，提出要"加大社会管理和公共服务标准化力度，按照创新社会管理，推进基本公共服务均等化的要求，大力开展公共文化等领域的标准研究，建立社会管理和公共服务标准体系"[①]。2012年8月2日，国家标准化管理委员会联合文化部、教育部、国家发展和改革委员会等26个部门，制定并发布了《社会管理和公共服务标准化工作"十二五"行动纲要》（简称《纲要》），要求各地方、部门高度重视社会管理和公共服务标准化工作，以《纲要》为依据推进标准化工作。《纲要》中的社会管理和公共服务标准化工作涉及包括公共文化体育在内的14个方面，设置了包括"公共文化服务标准化推进工程"在内的11项重大工程，明确提出要"基本建立我国公共文化服务标准体系，有效保障广大人民群众基本文化权益，为推动社会主义文化大发展大繁荣提供技术支撑"。

---

① 中国电子政务网.标准化事业发展"十二五"规划[EB/OL].[2011-12-23]. http://www.e-gov.org.cn/ziliaoku/zhengfuguihua/201203/128316.html

2013年1月14日,文化部提出:"推进公共文化服务的制度化、标准化和规范化建设,加快制定和完善公益性文化单位服务标准和服务规范,作为各级政府履行公共文化服务职能的规范、面向公众的服务承诺和监管公共文化服务过程的依据,提高公共文化服务的制度化、标准化和规范化水平。"各省、直辖市、自治区的相关部门负责结合实际情况贯彻执行。2013年11月16日,党的十八届三中全会提出要"促进基本公共文化服务标准化、均等化"[①]。2014年1月3日,文化部宣布2014年将推进基本公共文化服务标准化、均等化[②]。2014年7月30日,文化部在全国开展公共文化服务标准化试点工作,并发布了《公共文化服务标准化试点工作方案》,试点工作由文化部和各省(区、市)文化厅(局)共同推动,试点主体以地级市为主。2015年1月14日,中共中央办公厅、国务院办公厅印发《关于加快构建现代公共文化服务体系的意见》,确立了《国家基本公共文化服务指导标准(2015—2020年)》,对基本公共文化服务的项目与内容、标准的实施与监测、评价进行了说明,并提出要建立基本公共文化服务标准体系[③]。

我国政府已越来越清晰地意识到标准化是实现公共文化服务均等化、科学化的重要途径。近年来政府不断发布的相关政策文件,推动了全国公共文化服务标准化的发展,公共文化服务标准化正在从宏观的方向、目标逐渐落实到具体的规划和行动方案,标准化的要求越来越明确,越来越具体,我国公共文化服务体系的标准化水平不断提高。我国是由政府主导的标准化管理机制,政府的推动对于公共文化服务标准化的发展有至关重要的作用。

7.2.2 文化产业牵引

自改革开放以来,我国经济一直持续高速增长,2010年GDP超过日

[①] 新华网.授权发布:中共中央关于全面深化改革若干重大问题的决定[EB/OL].[2013-11-16]. http://www.sn.xinhuanet.com/2013-11/16/c_118166672.htm
[②] 中国广播网.文化部将推进基本公共文化服务标准化、均等化[EB/OL].[2014-01-03]. http://china.cnr.cn/NewsFeeds/201401/t20140103_514565504.shtml
[③] 新华网.中共中央办公厅、国务院办公厅印发《关于加快构建现代公共文化服务体系的意见》[EB/OL].[2015-01-14]. http://news.xinhuanet.com/tggg/2015-01/14/c_1113996899.htm

本，正式成为全球第二大经济体。近两年我国 GDP 增长速度有所放缓，但增长率仍保持在 7% 以上。在全面建成小康社会的大背景下，公众的物质生活已得到基本满足，文化消费将成为重要的经济增长点，这就为文化产业的发展带来了良好的契机。文化产业是指从事文化产品生产和提供文化服务的经营性行业。文化产业以文化资源为生产要素进行生产经营，向公众提供文化产品和服务。我国文化产业的范围包括新闻出版发现、广播电视电影、文化艺术、文化信息传输、文化创意和设计、文化休闲娱乐、工艺美术品生产等。作为 21 世纪的朝阳产业，文化产业在促进国民经济增长方面起着重要的作用。近几年我国文化产业产值以高于 20% 的速度逐年增长，产业规模、从业人数都快速上升。国家统计局的数据显示，2012 年我国文化产业法人单位总数比 2010 年增加了近 10 万个，文化产业的从业人数达到 211 万人，我国文化产业总产值已达到 9 100 亿元，比当年 GDP 增长速度快了 2.8%[①]。国家对文化产业的投入力度也逐步增强，我国中央财政下拨的 2013 年度文化产业专项资金达到 48 亿元，与 2012 年相比增加了 41.18%。

一方面，经济的飞速发展为我国公共文化服务提供了坚实的经济基础，国家越来越有充足的财力来提供公共文化服务；另一方面，文化产业在国民经济中所占的比重也不断上升，文化产品与服务的类型、数量持续升高，国家提供公共文化服务与产品的能力不断加强，质量不断上升。这两方面因素都对公共文化服务的质量提出了更高的要求。标准是提高服务质量、规范文化事业和文化产业发展的重要途径，我国急需尽快制定系统性、集成性和应用性强的公共文化服务标准体系。

7.2.3　公众需求拉动

《世界人权宣言》与《经济、社会及文化权利国际公约》《公民权利和政治权利国际公约》及其任择议定书合称"国际人权宪章"，是国际人权领域最重要的文书，为保障人民的文化权利提供了法律依据。这三项国际公约都将文化权利作为基本人权之一。我国政府分别于 1997 年和 2001 年

---

① 徐方雅. 我国文化产业的发展现状及发展策略[J]. 中国商贸，2014(14): 191-192.

签署和批准了《经济、社会及文化权利国际公约》，承认了公民的基本文化权利。享受公共文化服务是每个人的基本文化权利，而且各国政府应积极采取措施来保障公民的文化权利，使公民有平等的机会来享受公共文化服务。这是我国政府发展的必然趋势和应尽职责，而标准化就是切实保障公民文化权利的有效措施。有了明确的服务产品标准、服务行为标准和服务技术标准和服务结果标准，才能让公民明确并依法享有自身的文化权利。

标准化就是实现均等化的重要途径和前提，有了明确的服务产品标准、服务行为标准和服务技术标准和服务结果标准，才能真正实现公共文化服务的均等化。随着经济的发展，人民群众的精神文化需求日益高涨，文化权利意识不断增强，迫切需要国家制定相应的标准体系来保障公众的基本文化权利。因此，社会需求也对公共文化服务标准化起到了重要的推动作用。

7.2.4 科技发展带动

以云计算、物联网、移动互联网、大数据、智慧城市为代表的新科技正在对文化需求和文化产品与服务的提供方式的革新产生不可估量的影响。通过国家科技计划的支持，我国在文化科技相关领域已经积累了一批技术成果，为我国文化科技全面发展奠定了良好的基础。一方面，科技的发展会带来新的公共文化服务途径与方式，这种新的公共文化服务途径与方式必然需要制定相应的标准来进行规范；另一方面，技术创新转化为专利，专利写入标准已是当今科技转化的大趋势，新兴科技成果的涌现，必将推动更多新标准的产生。WH/T 55-2013《手机（移动终端）动漫运营服务要求》、WH/T 55-2013《手机（移动终端）动漫运营服务要求》等标准就是在移动互联网大发展的推动下，制定与实施的公共文化服务标准。

在公共文化服务中加强新兴科技成果的应用，开展文化艺术、广播影视、网络文化等行业关键设备、集成系统与服务规范的标准研制，一方面可以提高服务质量，另一方面可以促进文化与科技的融合，全面提升我国文化科技创新能力。而要充分发挥新兴科技成果的作用，就必须制定相应的技术应用标准、服务提供规范、设施设备标准，来促进和推广科技成果在公共文化服务中的应用。

7.2.5 公共文化服务机构的内部阻力

公共文化服务机构在实施标准的过程中往往存在着较难克服的惯性和惰性。公共文化服务机构的正常运转需要稳定的组织结构和规章制度来保障，但当要实施新的公共文化服务标准时，可能需要打破原有的服务模式和惯性行为，给组织和个人的工作不可避免地带来不确定性。无论是普通工作人员还是单位领导都往往厌恶这样的不确定性，而倾向于保持惯性。新的标准需要公共文化服务机构不断学习新技术、新观念和新方法，以往形成的工作惯性和组织惰性会给公共文化服务机构接受、认可和执行新的标准带来阻力。

另外，实施标准的过程中也有可能降低公共文化服务工作者的积极性和主动性。当实际工作中遇到的问题已有相关标准做明确规定时，工作人员和有关部门只要能遵守标准就可以了，往往不会再考虑去继续改进。这样不利于激发工作人员和有关部门的积极性、创造性，人力资源的潜力可能会被标准束缚，管理效率有时反而因为有标准而降低。即使有关部门主观上愿意去改进工作，但也容易由于修订、制定新的标准太费时费力，会带来额外的工作负担而放弃。这样会对公共文化服务标准的效果带来偏差。

7.2.6 公共文化服务标准化的效果偏差

新制定的公共文化服务标准往往并未经过大范围实际工作的检验，可能并不完善。在特定环境下，也许会出现按标准进行服务却未能达到最佳服务效果的情形。而且公共文化服务过程中有太多不确定的因素存在，需要根据实际情况进行灵活处理，这种情况就无法用标准进行统一规范，但服务的效果仍然会影响人们对标准化效果的评价。另外，公共文化服务标准的社会效益难以准确测度，由于目标、立场的不同，政府、公共文化服务机构和公众对公共文化服务标准容易出现不同的理解。公共文化服务标准体系应该是政府公共文化服务提供能力和人民群众实际文化需求的结合。但公共文化服务机构与公众对标准的理解容易出现分歧。公众可能会认为公共文化服务标准过低,离心理预期还存在明星的差距;公共文化服务机构、组织则可能会觉得标准过高,超出了现有的服务提供能力,要执行标准可能会带来额外的工作压力。上述因素都会导致社会各界对公共文化服务标准体系产生负面的评价,从而对公共文化服务标准化进程产生阻碍作用。

公共文化服务标准若不能及时适应外部环境的变化,就会制约服务质量和公众满意度的提高,甚至发挥负面作用。公共文化服务标准体系应该是政府公共文化服务提供能力和人民群众实际文化需求的结合。由于我国经济社会处于飞速发展的阶段,这两个关键因素都处于持续动态变化之中。公共文化服务的标准一旦形成,客观上会形成一种惯性和阻力,想要改变就比较困难,这样会导致标准落后于时代的发展。一般标准的修订时间为五年,五年的时间内政府公共文化服务能力和公众对文化权利保障的需求都会有较大变化,原有公共文化服务标准的目标、方法、规范等可能就不再适应实际情况的需要。随着时间的推移,人民群众对公共文化服务标准化效果的满意度可能逐渐下降。当公共文化服务标准所做的规定不符合实际、不符合客观规律时,就必然会产生负面作用。若公共文化服务标准未能及时适应实际情况和公众需求的变化,就会对公共文化服务事业带来负面影响。

政府、文化产业、社会需求和科学技术是公共文化服务标准化的四个动力来源,上述四者的合力需要克服来自公共文化服务机构的内部阻力和标准实施过程中效果偏差带来的外部阻力。当阻力大于动力时,公共文化服务标准化工作难以开展;当阻力与动力相平衡时,公共文化服务标准化工作就会僵持,停滞不前;动力大于阻力时,公共文化服务标准化工作才能得以顺利推动(见图 7-2)。

7 公共文化服务标准体系的运行过程模型

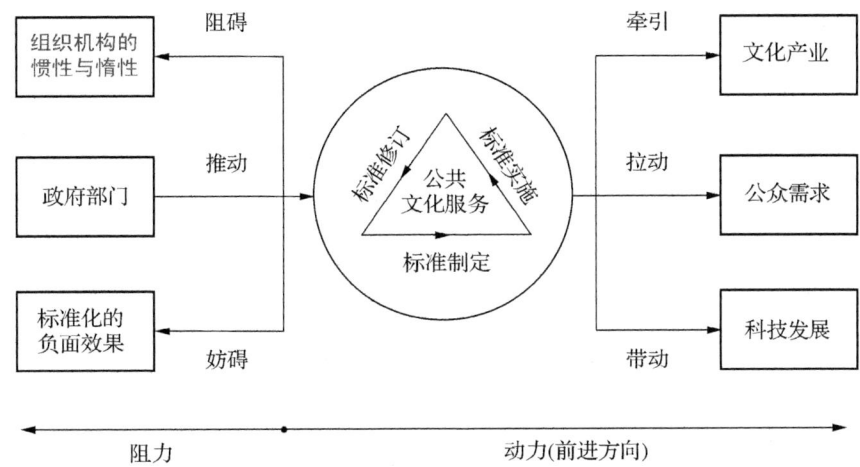

图 7-2 公共文化服务标准体系的驱动模型
（图片来源：笔者自绘）

7.3 监督评价模型

对标准的实施情况进行监督和评价是依据标准化的相关法律、法规和部门规章，对有关部门、机构实施标准情况进行监督检查和处理，对标准的经济效益和社会效益加以科学的评估，以确保标准正确贯彻执行的重要环节。监督评价机制主要是明确公共文化服务标准化的监督评价主体、监督评价方式和监督评价的内容（图 7-3）。

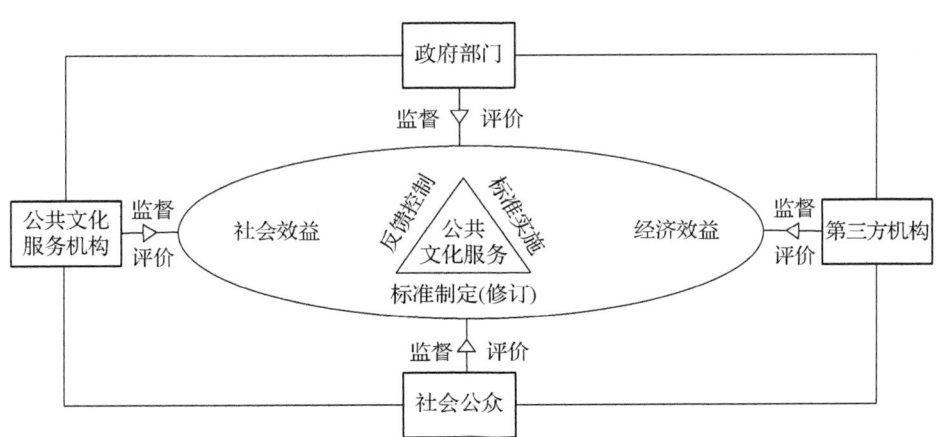

图 7-3 公共文化服务标准体系的监督评价模型
（图片来源：笔者自绘）

129

7.3.1 政府部门监督与评价

国家监督是各级政府部门对标准化活动的行政干预。对标准化活动进行监督评价的政府部门主要包括两类，一类是县级以上标准化行政主管部门，另一类是各行业的主管部门。县级以上政府标准化行政主管部门负责对标准的实施进行监督检查，我国县级以上政府标准化行政主管部门多为各省、市、自治区的质量技术监督局，有权对公共文化服务的强制标准（如公共文化服务的安全标准、环境与卫生标准等）的实施情况进行监督，它们做出的监督和检验结果具有法律效力。各行业的主管部门，如文化行业的主管部门文化部，广播电影电视行业的主管部门国家新闻出版广播电影电视总局等，主要对本行业所属企事业单位标准的实施进行监督和评价。

7.3.2 第三方机构监督与评价

第三方机构是指独立的非政府组织，独立于公共文化服务机构和政府部门之外。由于其独立性，第三方机构可以有效地协调社会各方面的利益，合理地解决复杂的社会治理问题。第三方机构对公共文化服务标准化的实施情况进行监督评价是对政府监督的有益补充。

对公共文化服务标准实施情况进行评价监督的第三方机构主要包括各类文化行业协会、基金会以及其他非营利性民间组织。尤其是各地的文化行业协会，多由国内优秀的文化企事业单位成员组成，对公共文化服务的实际情况有着深刻的理解，在文化领域有着很强的影响力和引领示范作用。这类第三方机构可以有效监督相关标准的实施情况，促进本行业产品的标准化和公共文化服务标准的落实。中国文化馆协会、中国图书馆学会、中国博物馆协会等组织都是与公共文化服务密切相关的行业协会，有能力对公共文化服务标准的实施情况进行监督和评价。中国文化馆协会于2014年成立，致力于服务我国文化馆事业科学发展[①]。中国图书馆学会是具有公益性、学术性的全国性社会组织，是中国科学技术协会所属的全国性的国家一级学会。其主要职能之一就是参与图书馆业务活动中的相关标

---

① 刘婵. 全国文化馆事业蓬勃发展[N]. 中国文化报, 2014-12-12(1).

准的制定、评价与鉴定。中国博物馆协会是由开展博物馆有关业务的组织和个人自愿结成的，是依法登记的行业性、全国性的非营利社会团体法人。协会的宗旨是团结全国博物馆、博物馆相关企事业单位、博物馆社团组织和个人，发挥行业指导、自律、协调、监督作用，维护行业合法权益，促进博物馆管理水平和博物馆学术研究水平的提高，为促进中国博物馆事业科学发展服务。该协会接受业务主管单位国家文物局和登记管理机关中华人民共和国民政部的业务指导和监督管理。

7.3.3　公共文化服务机构自我监督与评价

公共文化服务机构是公共文化服务的主要提供者，也是公共文化服务标准的主要实施者。标准的制定虽然经过了科学规范的程序，但标准的制定单位往往并非标准的实施单位，制定标准的单位或专家群体不能对标准实施单位的情况有全面的了解，所制定的标准在实施过程中的各种问题需要公共文化服务机构及时发现。公共文化服务机构对标准化情况的自我监督和评价，既是落实标准、提高服务质量的重要途径，同时也是发现现行标准中的问题的过程。公共文化服务机构实施各类标准的内部监督与检查、评价应贯穿于公共文化服务的全过程。

7.3.4　社会公众监督与评价

社会公众可直接对标准的实施情况进行监督与评价，这是一种社会性群众监督。公众是公共文化服务的服务对象，对于公共文化服务的质量有着最切身的感受，对相关标准的经济效益和社会效益有最直观的感受。因此社会公众也是重要的监督与评价主体。对于不符合公共文化服务标准的产品、服务、活动或机构、组织，公众可以通过投诉、举报，通过社会舆论和网络媒体等多种形式进行公开揭露和曝光。通过社会公众监督，可以督促公共文化服务机构严格实施标准，提高公共文化服务的质量，促进公共文化服务的均等化，切实维护广大公民的合法文化权利。

以上几种公共文化服务标准的监督形式，在实践中应充分发挥各自的职能和优势，相互配合相互补充，构建起一个完善、高效、公正、灵敏的监督网，提高我国的公共文化服务标准化水平，保障我国公民的文化权利。

7.4 反馈控制模型

对标准实施情况的反馈控制是标准化的重要环节之一，建立灵敏的反馈控制机制是促进公共文化服务标准化与时俱进、持续发展的关键。

任何系统都有其存在的外部环境，与环境的相互作用为系统提供了发展的动力。标准体系也是以系统的形式存在着，标准系统的环境是标准体系存在和发展的外界条件的总和①。反馈是从外部环境中接受信息，从而感知环境的变化，判断标准系统是否需要作出调整；控制是依据外部环境的变化来组织、协调标准系统的结构和功能，使之更加稳定有序和有效。标准系统也需要及时适应环境的变化，通过反馈控制来实现不断的发展、演化，以保持结构的稳定性和对环境的适应性，充分发挥系统效应。

公共文化服务标准体系需要面对复杂多变的外部环境。经济形势的变化、国家政策的导向、科学技术的发展、社会需求的增加都会对公共文化服务标准体系产生影响。公共文化服务标准体系的有序性和对外部环境的适应性都不可能自发实现，需要依靠标准化工作者积极感知外部环境的变化，及时调整标准体系的发展方向。公共文化服务标准化的反馈控制机制包括两个最重要的部分：对外部环境的感知和科学合理的调控（见图7-4）。

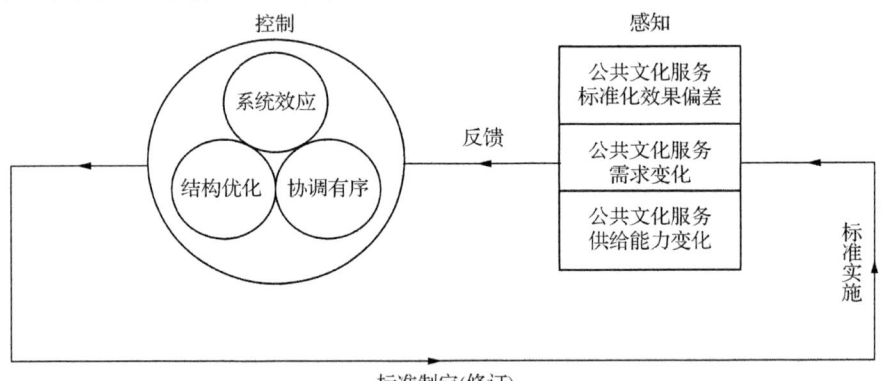

图7-4 公共文化服务标准体系的反馈控制模型
（图片来源：笔者自绘）

---

① 李春田. 标准化概论（第六版）[M]. 北京：中国人民大学出版社，2014：57.

7.4.1 对外部环境的感知

公共文化服务标准化的效果偏差、公共文化服务提供能力的变化和公共文化服务需求的变化是影响标准体系适用性的最重要的三个因素，因此需要敏锐感知这三个因素的变化情况。任何一项标准，其正确性和科学性都不是绝对的，标准化活动的效果也是如此[1]。标准化的负面效果前文已有述及，当标准化产生负面效果时，应立即寻找产生负面效果的原因，判断是否由于标准制定的不合理造成了经济效益和社会效益的降低。

公共文化服务标准体系应该是政府公共文化服务提供能力和人民群众实际文化需求的结合。制定的标准能体现和满足公众的基本文化需求，又在公共文化服务机构的能力范围之内，才是切合实际、能提高公众满意度的标准。标准公共文化服务机构和公众对标准的不同认识，标准的制定和实施需要根据这两方面的意见进行协调，争取最大的社会效益。由于我国经济社会处于飞速发展的阶段，这两个关键因素都处于持续动态变化之中。若公共文化服务标准未能及时适应实际情况和公众需求的变化，就会对公共文化服务事业带来负面影响。

随着公共文化服务提供能力的提升，例如服务内容的更加丰富、服务方式的更加多样、服务技术的不断创新，旧有标准的规定就会开始不符合实际，需要进行修订或者废止，及时建立新的标准。而公众的精神文化需求也会随着经济、科技的发展而变得更加多样和具体，这也是推动公共文化服务标准体系不断更新的重要因素。

7.4.2 对标准体系的控制

以系统论的观点来看，公共文化服务标准体系就是一个标准系统。它不是一个孤立的系统，同我国政府各级行政管理部门、公共文化服务机构、社会公众等系统都保持着密切的联系。作为一个人造开放系统，公共文化服务标准体系的结构与功能、存在与发展，既取决于系统内部要素的协同作用，同时又受到上述外部系统的影响和制约。这就必然要求人们在

---

[1] 李春田. 标准化是一把双刃剑[J]. 中国个体防护装备，2005(3):18-20.

感知外部环境的基础上，及时对公共文化服务标准体系进行科学的反馈调控。

对公共文化服务标准体系的反馈调控，就是要运用计划、组织、领导、控制等手段，对标准系统的内部要素及其同外部环境的关系进行动态协调，正确处理标准系统发展过程中的各种矛盾，以确保其持续健康发展，充分发挥系统效应。依据标准系统的系统效应原理、结构优化原理、有序原理，可以对公共文化服务标准体系进行有效的反馈控制[①]。

7.4.3 标准体系的调控原则

1）提高系统意识，发挥标准体系的系统效应

公共文化服务标准体系中每个具体的标准都有其特定的功能和效益（包括社会效益和经济效益），这种功能和效益可视为标准的个体效应。一系列内在联系的标准组成公共文化服务标准体系，这个标准系统以整体的形式同样发挥着特定的效应，这种效应就是标准的系统效应。标准的系统效应需要以个体效应为基础，但并非个体效应的简单相加，而是通过单个标准的相互协同和有机统一而产生比个体效应之和更大的效应。公共文化服务标准体系的系统效应不是它的任何一个部分（要素）所能具有的。

依据系统效应原理，在管理公共文化服务标准体系的过程中，应把它看做由若干个子系统或要素结合成的有机整体，要从各级各类子系统和要素间的协同作用中探求系统效应。对每个标准子系统的功能要求，都应首先从实现整个标准体系的总目标出发进行考虑，对标准子系统之间的以及标准子系统与整个标准体系之间的关系也都需要从整体协调的需要出发进行处理。优先考虑标准体系的整体效应，然后考虑标准子系统或单个标准的个体效应。另外，公共文化服务标准体系同时又是更大系统（公共服务标准体系、国家标准化体系等）的组成部分，它的功能设定及系统效应的发挥，也会受到更大系统的制约，需要根据更大标准系统的整体要求来进行调整。

---

① 李春田. 标准化概论（第六版）[M]. 北京：中国人民大学出版社，2014：50.

2）协调标准间的关系，不断优化标准体系结构

标准系统的结构就是系统内部标准之间的内在有机联系方式。标准以某种方式相互联系，形成整体结构，才能具有系统的整体特性。标准体系的内部结构形式很多，最基本的形式包括阶层秩序、时间序列、数量比例等。公共文化服务标准体系的结构是发挥系统效应的内在依据，当标准体系内的标准数量一定时，标准体系的结构不同，其效应也会不同。

好的标准系统的结构不是自发产生的，而是在对标准体系的管理过程中不断优化的结果。标准体系结构优化就是不断协调各个标准之间的关系，使之相互适应的过程。经过优化的标准系统结构，更能发挥公共文化服务标准体系的系统效应。因此标准系统的结构优化是对公共文化服务标准体系进行管理的重要任务之一。经过优化的公共文化服务标准体系结构，应该保持相对稳定，才能保证系统效应的持续发挥。要取得这样的效果，一方面要使标准体系内部各标准之间建立稳定的联系，另一方面要不断提高标准体系结构的优化水平。

3）应用有序原理，保持并提高标准体系的序化状态

系统科学的研究成果表明，系统的有效性是和系统的有序性密切相关的。系统的有序性是系统要素间有机联系的反映，有序性是衡量标准系统的组织程度或标准系统状态的重要指标。标准管理的有序原理表明，标准系统的功能与其序化程度密切相关，有序性越高，系统功能越好，反之亦然。因此，保持或提高标准体系的有序性是提高标准系统功能的基础，是管理公共文化服务标准体系的重要任务。

要提高公共文化服务标准体系的有序性，一方面要在建立标准系统时充分考虑系统目标、系统要素达到构成及其内在管理；另一方面，在标准体系实施过程中出现与环境或客观要求不相适应，系统功能降低时，应及时淘汰标准体系中落后的、低功能、无用的或与其他标准明显不协调的要素，补充对标准体系进化有促进作用的新要素。不断从外界引入负熵流，促使公共文化服务标准体系持续向较高的有序状态转化。公共文化服务标准体系的持续反馈控制会使标准体系序化状态不断提高，进而带来标准体系结构的优化；而标准体系结构的优化又必然带来公共文化服务体系系统效应的增强。

7.5　运行过程模型——三个子过程模型的有机结合

7.5.1　三个子过程模型的意义

驱动模型揭示的是公共文化服务标准化的动力来源问题。当阻力大于驱动力时，公共文化服务标准化工作就难以开展；当阻力与驱动力相平衡时，公共文化服务标准化工作就会陷入僵持、停滞不前的境地；驱动力大于阻力时，公共文化服务标准化工作就会得以顺利推动。明确公共文化服务标准化的动力机制后，才能制定相应的对策、措施来增强动力、减小阻力，保障公共文化服务标准化的稳步发展。

监督评价模型解决的是公共文化服务标准化中的质量监督问题。对公共文化服务标准的实施情况进行监督和评价，一方面可以促进公共文化服务标准的实施落到实处，另一方面也可以及时发现标准化中的问题，为标准的修订和标准体系的调整提供依据。公共文化服务标准实施的监督与评价主体主要包括政府部门、第三方机构、公共文化服务机构、社会公众，他们监督标准的落实情况，同时对标准产生的社会效益和经济效益进行评估。多个评价主体、多种评价方式相结合的4位一体监督评价机制有助于公共文化服务标准体系又好又快地发展。

反馈控制模型着力于敏锐地感知外部环境变化，并对现行标准体系进行优化的问题。反馈是从外部环境中接受信息，从而感知公共文化服务标准化的效果偏差、公共文化服务的供给能力和需求等外部环境的变化，判断标准系统是否需要作出调整；控制是依据外部环境的变化来组织、协调标准系统的结构和功能，应用系统效应原理、结构优化原理和有序原理使之更加稳定有序和有效。标准系统也需要及时适应环境的变化，通过反馈控制来实现不断地发展、演化，以保持结构的稳定性和对环境的适应性，充分发挥系统效应。

7.5.2　三个子过程模型的结合

三个子过程模型贯穿了公共文化服务标准体系制定、实施、反馈的运行全过程，可以涵盖对公共文化服务标准体系进行整体管理的基本要素，驱动模型、监督评模型制和反馈控制模型共同构成了公共文化服务标准体系的运行过程模型（图7-5）。

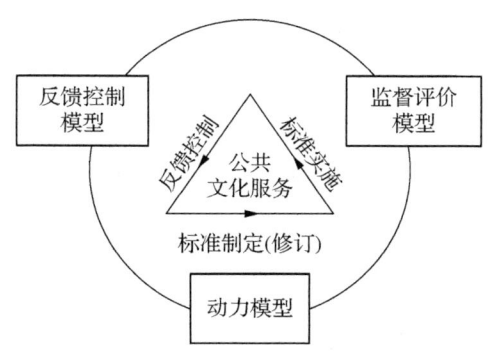

图7-5 公共文化服务标准体系的运行过程模型
（图片来源：笔者自绘）

驱动模型、监督评价模型和反馈控制模型这三者之间是相互联系、相互依赖的关系。驱动模型推动公共文化服务标准化的发展，也将促进监督评价机制和反馈控制机制的形成；监督评价模型为标准化的反馈控制提供依据，为标准化的动力指明方向；反馈控制模型感知外部动力的变化，依据监督评价的结果来对标准体系做出调整。三者的有机结合就构成了完整的公共文化服务标准体系运行过程模型。建立公共文化服务标准体系的运行过程模型后，可以此为依据来组织、规划标准体系的制定和实施，并制定相应的对策和措施，促进公共文化服务标准化活动的顺利开展。

7.6 基于运行过程模型的对策建议

以标准化理论、新公共服务理论和文化社会学理论为基础，以公共文化服务标准体系的驱动模型、监督评价模型、反馈控制模型为依据，结合我国公共文化服务标准化的发展现状，提出促进我国公共文化服务标准体系发展的对策建议如下：

7.6.1 增强公共文化服务标准体系的驱动力

1) 提供良好的政策环境推动公共文化服务标准体系的发展

公共文化服务标准体系的实施需要良好的法律和政策环境。政府可以在公共文化服务标准化过程中起主导作用，全程主导标准的制定、实施与修订，也可以将标准的制定和实施委托给民间组织，发挥社会力量和市场机制来实现公共文化服务的标准化。但这两种模式都有一个共同的前提，那就是制定相应的法律法规和政策，为公共文化服务标准化提供一个公正、公开、公平、稳定的政策法规环境。依据新公共服务理论，制定相应的政策来为公共文化服务标准体系的实施服务，也是政府的基本职责之一。一方面，政府需要制定相应的激励政策，鼓励社会各界力量参与公共文化服务标准的制定；另一方面，政府需要形成合理的管理机制，吸引第三方机构和社会公众参与对公共文化服务标准体系实施情况的共同监督。

2) 依靠文化产业的发展促进公共文化服务标准体系的迁升

在全面建成小康社会的大背景下，公众的物质生活已得到基本满足，文化消费将成为重要的经济增长点，文化产业的发展迎来了良好的契机。近几年我国中央财政下拨文化产业专项资金逐年增高，文化产业产值以高于20%的速度逐年增长，产业规模、从业人数都快速上升，在国民经济中所占的比重也不断上升。文化产业的繁荣带来了文化产品、设备与服务的类型、数量持续升高，使我国公共文化服务能力不断加强，质量不断上升。先进公共文化服务标准体系可为文化产业的发展提供规范，促进文化产业健康有序的发展，同时文化产业的快速发展必然会对现行公共文化服务标准带来挑战。如果公共文化服务标准体系不能随着文化产业的发展而迁升，创造社会效益和经济效益的作用就会慢慢减弱，甚至会产生负面效果。另一方面，文化产业的发展将会带来新的服务提供形式、新的服务内容、新的服务技术、新的服务需求，这就要求公共文化服务标准体系在现有标准的基础上，根据市场变化和公众需求不断拓展范围。因此政府部门和标准化管理机构应密切关注文化产业的发展变化，及时对公共文化标准体系的内容和范围进行优化和拓展，不断提高标准化水平，促进公共文化服务标准体系的迁升。

3）依靠新兴技术的发展带动公共文化服务标准体系的创新

依据进化论的文化社会学观点，文化也有着从低级到高级的不断进化的过程，而工艺和科技的发展是推动文化进化的重要因素。当今世界科技发展日新月异，推动着世界范围内的文化快速发展变迁。文化的进化必然带来公众精神文化需求的变化，进而引起公共文化服务标准体系的变化。公共文化服务标准体系根据实际需求从较低层级发展到较高层级便是一次迁升。只有及时吸收新兴技术并感知文化发展的变迁，促进文化与科技的融合，才能为公共文化服务标准体系的迁升提供持久动力。国家已发布了相关标准，对移动互联网环境下文化服务的内容和形式进行了规范，这些标准就是文化与科技融合的桥梁，一方面可以提高服务质量，另一方面可以促进文化与科技的融合，全面提升我国文化科技创新能力，促进和推广科技成果在公共文化服务中的应用。新兴技术在公共文化服务中的广泛应用必将催生新的标准。以云计算、物联网、移动互联网、大数据、智慧城市为代表的新科技正在对文化需求和文化产品与服务的提供方式产生不可估量的影响。积极关注新兴科技的发展及其在公共文化服务中的应用，提前预见新技术对服务造成的影响，对现有公共文化服务标准进行调整和完善，将是推动公共文化服务标准体系创新发展的有效途径。

4）以公众需求作为公共文化服务标准体系的出发点和落脚点

依据新公共服务理论，制定和实施公共文化服务标准体系的根本目的是为了更好地满足公众的精神文化需求，保障公众的基本文化权利。因此所有对公共文化服务标准体系进行的管理和调控都要为实现这一目的服务，公共文化服务标准的制定应以人为本，体现公众的文化需求，公共文化服务标准的目标应为实现公共利益，创造社会效益。公众需求是拉动公共文化服务标准体系迁升的根本力量，公共文化服务及其标准化的需求受政治、经济、科技等多个方面的影响，随着公共文化服务供给能力的提高和公众公共文化服务需求的日益多元化，公共文化服务标准化的需求也将随之变动。明确公共文化服务标准化需求的动态演化机制，及时感知公共文化服务过程中公众满意度、公众期望的变化，准确把握公众的精神文化需求，才能为公共文化服务标准体系的发展指明方向，为对公共文化服务标准体系进行反馈控制提供依据。

5）调动公共文化服务机构的积极性，减少标准体系运行阻力

公共文化服务机构在开展公共文化服务的过程中，对服务的内容、质量、方式、人员资质等进行管理的过程中都可以采用相关的公共文化服务标准。公共文化服务标准是当前社会较高的技术成果和管理理念的体现，采用公共文化服务标准可以提高机构的服务质量和服务效率。如果公共文化服务机构在实施标准的过程中存在着一定的惯性和惰性，就会对公共文化服务标准体系的运行产生阻力。应调动公共文化服务机构的积极性，从两个方面来减少采用、实施标准的阻力。一方面，对公共文化服务标准的实施路径进行宣传，及其对管理水平和服务质量的提高作用进行推广，帮助相关机构充分理解标准在服务过程中带来的经济效益和社会效益。另一方面，推动公共文化服务的认证认可事业的发展，鼓励具备一定资质的组织机构依据公共文化服务标准体系对公共文化服务质量进行认证，使实施公共文化服务标准体系达到一定水平的公共文化服务机构组织获得更高的声誉和更强的市场竞争力，为公众对公共文化服务的选择提供参考。同时，通过公共文化服务标准的认证认可，也为政府采购公共文化产品与服务提供依据，使公共文化服务机构获得更多的经济效益。

7.6.2　对公共文化服务标准体系的效益进行科学评估

标准化工作可以为组织、市场和社会带来可观的效益，这是标准化工作者和标准使用者的共识。公共文化服务标准体系的效益评价不仅有助于吸引越来越多的机构来使用相关标准，也可以帮助政府和企事业单位更好地理解如何通过开展标准化工作而获益。国际标准化组织制定了一套评价和量化标准经济效益的方法论，为各个组织评价标准的经济效益提供了统一的准则、指导原则和工具框架。我国应组织相关领域的专家，对公共文化服务标准的经济效益和社会效益进行科学评估，从而为公共文化服务标准体系的调控与推广提供依据。

7.6.3 确立合理的标准复审周期，及时进行反馈控制

世界各国的标准有效期各不相同，ISO标准每5年复审一次，平均标龄为4.92年。根据我国1990年发布的《国家标准管理办法》中的规定，国家标准实施后，应由国家标准主管部门组织复审，复审周期一般不超过5年。我国现行公共文化服务标准的平均标龄为13.5年，52.38%的公共文化服务标准的标龄已超过5年，标龄最长的标准至今已有28年的标龄。可见现行公共文化服务标准的标龄普遍过长。任何一项标准，其正确性和科学性都不是绝对的，标准化活动的效果也是如此。当标准所做的规定不切合实际，不符合客观规律，或者跟不上外界环境的变化时，也会产生负面作用，其风险是不容忽视的。而且公共文化服务及其标准化的需求受政治、经济、科技等多个方面的影响，公共文化服务标准化的需求也将随之变动。因此，应在标准实施后，对于达到一定标龄的公共文化服务标准，一定要及时对标准的内容进行审查，对标准的实施效果进行评估，敏锐感知标准系统的外部环境变化，及时发现标准执行与应用中的各种问题，按照公共文化服务标准体系反馈控制的原则及时进行修订，促进公共文化服务标准体系的迁升，尽可能地减少标准造成的负面作用，提高标准化的整体水平。

7.6.4 采用综合措施促进公共文化服务标准体系发展

1）吸引社会力量参与，进一步完善公共文化服务标准化体系

企业、科研机构、公共文化服务机构制定了较多的公共文化服务标准，认证认可机构、政府行政主管部门和文化基金会在制定公共文化服务标准的过程中也发挥了重要作用；卫生部门、标准化监督管理部门、高等院校、专家工作组同样参与起草了部分标准，上述机构共同构成了我国公共文化标准化体系的主要力量。公共文化服务的主管部门和相关专业的标准化技术委员会承担了公共文化服务标准的归口管理工作。国家广播电影电视总局、全国服务标准化技术委员会、全国广播电影电视标准化技术委员会、中华人民共和国文化部、全国文物保护标准化技术委员会等都参与

了多项公共文化服务标准的归口工作。企业、科研机构和公共文化服务机构是公共文化服务标准起草的主要力量，中国标准化研究院、中质协质量保证中心、方圆标志认证集团有限公司、中国合格评定国家认可中心、中华社会文化发展基金会、首都博物馆等单位都参与了多项公共文化服务标准的起草。

要进一步完善我国的公共文化服务标准化体系，国外公共文化服务标准化过程中有两个方面值得我国借鉴：一是充分发挥民间组织、第三方机构在标准制定、监督中的作用，借助社会各界力量和市场机制来实现公共文化服务标准体系的动态调整；另一方面是在标准制定的过程中广泛征求社会公众、消费者、政府官员、学者等代表性人群的意见，使标准更加体现更广泛人群的需求，进而及时、灵敏地适应公众需求。除了成立更多的公共文化服务领域的全国标准化技术委员会，提供更多的经费、政策来建立更多的专家工作组外，我国还应鼓励社会各界力量参与到公共文化服务标准的制定、实施与监督中来。这样一方面可以壮大公共文化服务标准化体系，另一方面可以减轻政府的负担，使公共文化服务标准体系的管理与实施更加科学、高效。

2) 加强对公共文化服务标准资源的组织与利用

这不仅仅是公共文化服务标准化中的问题，同时也是我国标准化事业发展中急需解决的问题。本书在检索公共文化服务标准的过程中，综合使用了多个数据来源和检索途径，还经过了人工筛选才获得现行的公共文化服务标准，检索过程非常复杂繁琐。另外，现有的标准分类体系（CCS和ICS）偏重于技术标准的分类，对于新兴的服务标准设置的类目较少，而且公共文化服务标准分散于各级类目中，更加难以用专门的分类号一一对应。公共文化服务标准检索的有效途径尚未建立，我国标准文献资源共享平台的建设水平亟待提高。标准计量分析为公共文化服务标准资源的建设、开发与利用提供了有效途径，应用知识网络和信息计量的原理和方法，分析标准的外部特征和内容特征，发现标准之间的知识关联，建立标准知识网络，从而建立基于语义的标准文献资源深度聚合检索平台，可大大提高检索效率，便于标准的检索与利用。随着公共文化服务标准体系的不断拓展，对相关标准进行知识组织，进而提供知识服务的重要性将日渐凸显。

3）提高公共文化服务标准体系的国际化水平

国际标准代表全球较高的技术、管理和服务水平，采用国际标准可以提高公共文化服务标准的国际化水平。欧美各国标准的国际化水平很高，英国近90%的国家标准来源于对国际标准和欧洲标准的转化，BSI在制定国家标准前，先要查找相关欧洲标准和国际标准，尽可能采用国际标准，无条件采用欧洲标准作为国家标准。我国也应积极采用国际标准和国外先进标准。我国现行公共文化服务标准中只有2项标准采用了国际标准，4项标准引用了国际标准，国际化水平不高。我国一贯高度重视国际标准化工作，鼓励企业积极采用国际标准和国外先进标准。

以往公共文化服务的标准化理论与实践都缺少对国际标准和各国先进标准的关注。欧美各国的标准化进程起步较早，其相关组织、机构、制度、流程等各方面都相对成熟。对各国公共文化服务相关标准的背景、方法、优势、局限进行深入分析，比较各国同类标准的区别与联系，可以为我国公共文化服务标准的制定提供参考和借鉴。而且在制定公共文化服务标准的过程中引用相关的国际标准，有利于提高标准的国际化水平，使我国公共文化服务标准体系在国际中确立领先地位。另外，发达国家都积极参加国际标准化组织活动，在国际标准的制定与实施中发挥主导作用。我国公共文化服务标准化的过程中，也应积极参与国际标准化进程，努力将我国公共文化服务标准上升为国际标准或区域标准，提高公共文化服务标准体系的权威性，巩固公众对标准体系的认可度，提高我国文化软实力和国际影响力。

4）重视与相关政策法规及专利的相互支撑

标准和专利、政策、法律、法规的关系日益紧密，越来越多的专利被写入标准中，越来越多的政策法律开始引用相关标准。

公共文化服务标准体系与政策法规有着相互支撑的作用。英国政府认为标准化是对政府政策提供支持的一个关键因素。标准对公共政策的支持是英国标准化工作的总目标，这在英国的相关政策、法律、法规文件（如

《英国政府2009年关于标准化方面的公共政策》》中都有明确的规定和阐述。在公共文化服务体系建设的相关政策法规中引用公共文化服务标准作支撑，可以提高政策的科学性和规范性。标准的制定只是公共文化服务标准化的开始，关键还在于标准的贯彻、落实与实施。如果将相关政策法规与公共文化服务标准体系结合，可以借助行政法规的力量推进标准的贯彻执行，给公共文化服务标准的贯彻实施带来有力的制度保证。标准最有力的实施途径莫过于被相关政策、法律、法规引用，通过法律的力量来监督、保障标准的实施。在相关政策的支撑下，公共文化服务标准体系也能得以顺利实施。文化事业单位由政府行政部门领导，是最主要的公共文化服务机构，因此政策法规对这些机构有着极强的约束力。因此，应加强公共文化服务标准体系与相关法规的协调，与公共文化服务体系建设、政府采购等政策的衔接。

技术创新转化为专利，专利写入标准已是当今科技转化的大趋势。新兴科技成果的涌现，必将推动更多新专利和新标准的产生。公共文化服务标准中引用最新专利，有助于提高标准的先进性；专利被标准引用，可以提高相关机构的竞争力和社会声誉，进而带来相应的经济效益和社会效益。另外，将专利知识网络、标准知识网络和政策法规知识网络联合进行分析，构建多维知识网络，探索其发展演化的规律，可以更加全面地掌握新技术、新知识的流动，为制定竞争策略和宏观市场调控提供科学依据。

7.7 本章小结

我国公共文化服务领域的标准化工作起步时间不长，尚未建立完善的标准体系运行机制。本章从公共文化服务标准化的3个基本子过程入手，分别构建了公共文化服务标准体系驱动机制、监督评价模型和反馈控制模型，并在此基础上提出了公共文化服务标准化的整体运行过程模型。

驱动模型揭示的是公共文化服务标准化的动力来源问题。当阻力大于驱动力时，公共文化服务标准化工作就难以开展；当阻力与驱动力相平衡时，公共文化服务标准化工作就会陷入僵持、停滞不前的境地；驱动力大于阻力时，公共文化服务标准化工作就会得以顺利推动。明确公共文化服务标准化的动力机制后，才能制定相应的对策、措施来增强动力、减小阻力，保障公共文化服务标准化的稳步发展。

监督评价模型解决的是公共文化服务标准化中的质量监督问题。对公共文化服务标准的实施情况进行监督和评价，一方面可以促进公共文化服务标准的实施落到实处，另一方面也可以及时发现标准化中的问题，为标准的修订和标准体系的调整提供依据。公共文化服务标准实施的监督与评价主体主要包括政府部门、第三方机构、公共文化服务机构、社会公众，他们监督标准的落实情况，同时对标准产生的社会效益和经济效益进行评估。多个评价主体、多种评价方式相结合的四位一体监督评价机制有助于公共文化服务标准体系又好又快的发展。

反馈控制模型着力于敏锐地感知外部环境变化，并对现行标准体系进行优化的问题。反馈是从外部环境中接受信息，从而感知公共文化服务标准化的效果偏差、公共文化服务的供给能力和需求等外部环境的变化，判断标准系统是否需要作出调整；控制是依据外部环境的变化来组织、协调标准系统的结构和功能，使之更加稳定有序和有效。标准系统也需要及时适应环境的变化，通过反馈控制来实现不断的发展、演化，以保持结构的稳定性和对环境的适应性，充分发挥系统效应。

驱动模型、监督评价模型和反馈控制模型这三者之间是相互联系、相互依赖的关系。建立公共文化服务标准化的运行过程模型后，可以此为依据来组织、规划标准化的制定和实施，并制定相应的针对性强的对策和措施，以促进公共文化服务标准化活动的顺利开展。

在上述模型的基础上，结合我国公共文化服务标准化的发展现状，提出了促进我国公共文化服务标准体系发展的对策建议。

8 结论与展望

8.1 结论

本书的研究是在我国政府致力于完善公共文化服务体系和实现基本公共文化服务标准化和均等化的背景下展开的。当今社会经济快速发展，公民的精神文化需求和文化权利意识日益增强，文化产业与知识经济的发展迫切需要相关标准的规范，现行的孤立制定的标准已难以满足公共文化服务体系发展的需要。构建公共文化服务的标准体系可规范公共文化服务体系建设、促进公共文化服务均等化的实现，为公共文化服务绩效评估提供依据，可促进文化与科技的结合，提高公共文化服务的标准化水平。

本书综合运用文献调研、信息计量分析、系统分析、模型分析等多种理论与方法，在对现行公共文化服务标准和国外公共文化服务标准化情况进行分析的基础上，系统分析了公共文化服务的基本要素和标准化需求，提出了公共文化服务标准体系的实施模式与路径，构建了公共文化服务标准体系框架，并从整体的层面上探索了公共文化服务标准体系的运行过程模型。具体而言，本书的主要结论如下：

1）我国公共文化服务标准化成效显著，但也存在一些问题

我国公共文化服务标准数量快速增长，标准的内容不断扩展，公共文化服务标准化体系正在逐步完善，相关的标准知识网络正在形成。标准的起草单位形成了灵活多样的合作模式，公共文化服务标准化专家队伍已初具规模。但同时也存在一些问题：公共文化服务标准化缺少统一的组织管理机制，现行标准未能构成完整的公共文化服务标准体系，国际化水平有待提高，标准资源共享平台建设有待加强，多项公共文化服务标准的标龄

过长等等。标准计量分析可为标准研究提供新的计量指标，为标准化领域的科学评价提供新的途径，为标准发展规律的探索提供科学的方法。

2) 我国公共文化服务标准体系的实施需要政府主导、社会参与

美国、法国和英国的公共文化服务标准化模式分别可归纳为"民间自愿"模式、"政府主导"模式、"共同管理"模式。美国的"民间自愿"模式可以最大限度地调动社会资源提供公共文化服务，能通过市场及时、灵活地感知并满足公众的公共文化需求，避免了政府的行政干预失误造成的负面影响，实现公共文化服务效率的最大化。法国的"政府主导"模式充分发挥政府的宏观调控与监管作用，能有效地掌控公共文化服务标准化的发展与完善。英国的"共同管理"模式介于美国和法国之间，政府和民间组织在公共文化服务标准化过程中各司其职，从不同的角度发挥作用。我国的标准化管理体制和公共文化服务模式与法国相似，都是依靠政府在其中发挥主导作用，这决定了我国当前的公共文化服务模式应为政府主导型模式，即：公共文化服务标准体系由政府组织各方力量来制定。

通过对我国标准化管理体制和公共文化服务模式的分析，发现公共文化服务标准体系涉及的实施主体包括公共文化服务行政主管部门、标准化行政主管部门、全国专业标准化技术委员会、标准起草单位、公共文化服务机构。国家标准化管理委员会提出编制国家标准计划项目的原则要求，下达给国务院有关行政主管部门及其领导与管理的全国专业标准化技术委员会或专业标准化技术归口单位。各技术委员会或技术归口单位提出国家标准计划项目的建议，报其行政主管部门审查通过后，提出国家标准计划项目草案和项目任务书报标准化管理委员会。国家标准化管理委员会对上报的国家标准计划项目草案审批后即可下达国家标准计划项目，由相应的技术委员会或技术归口单位负责完成标准计划项目。

3) 公共文化服务标准体系可从三个维度和四个层级着手构建

对公共文化服务的要素进行系统分析，明确了公共文化服务标准化的需求及涉及的具体行业。然后从内容、领域、级别三个维度构建了公共文化服务标准体系。该标准体系包括公共文化服务的基础标准、技术支撑标准、通用标准和行业领域标准四个层级。公共文化服务基础标准是在一定

范围内作为其他公共文化服务标准的基础并普遍使用的标准，对于体系内其他标准具有广泛指导意义。公共文化服务技术支撑标准主要解决服务中的相关技术问题。公共文化服务通用标准主要包括公共文化服务的服务规范、人员、运行管理、环境卫生、安全要求、设施设备及用品六个方面的系列标准。公共文化服务的行业领域标准涵盖图书馆、广播、电视、电影放映、文艺创作与表演、艺术表演场馆、博物馆、烈士陵园、纪念馆、群众文化活动、文化团体服务等具体行业的标准。

4) 应从标准化的基本过程入手对公共文化服务标准体系进行管理

对公共文化服务标准体系的运行管理是保障标准化效果的重要环节。本书从公共文化服务标准化的三个基本子过程入手，探讨了公共文化服务标准化的驱动模型、监督评价模型和反馈控制模型，并揭示了三者之间相互依赖、相互促进的关系。公共文化服务标准体系的动力来源包括政府推动、文化产业牵引、公众需求拉动和科技发展带动，同时也存在公共文化服务机构的惯性与惰性，以及公共文化服务标准化效果偏差带来的阻力。公共文化服务标准实施的监督与评价主体主要包括政府部门、第三方机构、公共文化服务机构、社会公众，他们监督标准的落实情况，同时对标准产生的社会效益和经济效益进行评估。反馈控制模型是指通过感知公共文化服务标准体系的效果偏差、公共文化服务的供给能力和需求等外部环境的变化，判断标准系统是否需要作出调整，然后应用系统效应原理、结构优化原理和有序原理使公共文化服务标准体系更加稳定有序和有效。三个子过程模型的有机结合构成了公共文化服务标准体系的运行过程模型，为推动公共文化服务标准体系的整体管理、结构优化、持续作用和宏观调控提供了理论依据。

8.2 展望

公共文化服务标准体系研究是一个综合了多种学科、方法、技术的研究问题，其研究具有一定的难度和复杂度。笔者在研究过程中力图在理论剖析、思路探索、方法选择等方面尽可能地实现创新和突破。但由于研究的时间、精力以及个人知识结构和能力的限制，研究中也存在一些不足：首先，公共文化服务标准体系框架的科学性和有效性还有待验证。虽然本书通过系统分析和服务要素法，从三个维度和四个层次构建了公共文化服务标准体系，但由于条件有限，未就标准体系的科学性和有效性对相关领域的专家进行访谈，论证力度有待加强。其次，未对公共文化服务标准体系的运行过程模型进行实证研究。本书虽然提出了公共文化服务标准体系的运行过程模型，对标准体系的宏观管理和持续发展有一定的理论指导意义，但由于公共文化服务标准体系还处于理论设计的阶段，从标准制定到实施，再到监督、评价、反馈、控制至少需要3—5年的时间周期，因此目前尚难以通过实践来验证该模型的科学性。另外，本书对国外公共文化服务标准化模式进行了比较分析，但是由于国外标准数量较大，广泛分布于ISO、联合国教科文组织、国际图联等国际标准化机构和各国的标准管理部门，难以全面、准确地检索到相关标准，而且大多数国外标准需要付费才能浏览全文，因此本书对国外的公共文化服务标准未做分析，以致未能为我国相关标准的制定提供更好的借鉴。

在今后的研究中，还有以下几个问题有待于进一步的研究：

1) 公共文化服务标准化需求的动态演化机制和感知方式

要使公共文化服务标准能产生相应的经济效益或社会效益，首先就必须保证标准能紧贴实际需求。因此及时感知公共文化服务标准化需求的变化是保证标准化活动持续发展的关键。但是公共文化服务标准化的需求受政治、经济、科技等多个方面的影响，随着公共文化服务供给能力的提高和公众公共文化服务需求的日益多元化，公共文化服务标准化的需求也将随之变动。明确公共文化服务标准化需求的动态演化机制，选择有效的方式来感知需求的变化，是对公共文化服务标准体系进行反馈控制的依据，是未来研究中亟待解决的重要问题。

2) 公共文化服务标准经济效益和社会效益的科学评估

标准化工作可以为组织、市场和社会带来可观的效益，这是标准化工作者和标准使用者的共识。公共文化服务标准体系的效益评价不仅有助于吸引越来越多的机构来使用相关标准,也可以帮助政府和企事业单位更好地理解如何通过开展标准化工作而获益。国际标准化组织制定了一套评价和量化标准经济效益的方法论,为各个组织评价标准的经济效益提供了统一的准则、指导原则和工具框架。但是标准的社会效益评价目前尚未见有较为公认、有效的案例和方法。对公共文化服务标准的经济效益和社会效益的科学评估将会是未来一段时间的研究热点和难点。

3) 公共文化服务标准化空间的演化规律

"标准化空间"是由波兰的约·沃吉茨于1960年提出的,我国学者舒辉较早引入了这个概念[①]。内容、领域、级别是每个标准天然具备的三个基本维度,分别用X、Y、Z三个坐标轴来代表标准的领域维、内容维和级别维,这样构成的三维空间就是标准化空间。由于标准化空间的三个维度是每个标准都共有的,因此每个标准都可以在标准化空间中找到与之相对应的点,这个空间中的任意一点也都对应于一个具体的标准。标准化空间的概念可以帮助我们对标准的本质和特征有更直观的了解,但其内涵仍有待扩展。每个标准都有制定、实施、修订直至废止的过程,我们可称之为标准生命周期。约·沃吉茨的标准化空间是一个三维静态的空间,缺少了时间这一重要维度,没有将标准生命周期考虑在内。引入时间维来表示标准的生命周期状态后,即可构造四维标准化空间,更加全面地理解标准存在的状态特征及其演化过程。将标准化空间的思想引入到公共文化服务领域,可以构建公共文化服务的标准化空间。公共文化服务标准化空间的演化可以映射标准制定、实施、修订、废止的全过程,探索公共文化服务标准化空间的演化规律将帮助人们更加深刻地认识公共文化服务标准体系的运行过程,为标准化实践提供理论指导。

4) 标准计量分析的进一步深化与应用

未来的标准计量分析研究大致可以从三个方面来进一步发展深化:① 标准计量规律的探索:信息计量学领域已经发现了文献增长、文献老化、文献作者分布等规律并提出了相应的数学公式。如今标准的数量也快

---

① 舒辉. 标准化理论与实务[M]. 北京:经济管理出版社,2000:22.

速增长，可以采用信息计量的方法来探索标准的增长规律、标准的老化规律、标准的作者分布规律等统计规律，掌握这些规律既是对信息计量学的扩展，又能为国家的标准化管理提供科学依据。② 标准的计量指标研究：专利计量分析在发展深化的过程中，提出了基于专利的技术集中度、技术生长率、技术成熟系数、技术衰老系数、企业活性因子、企业研发重点等计量指标，具有较高的实用价值。标准计量分析也可以采用信息计量分析的方法，结合标准的特点，提出新的计量指标，科学地揭示各个领域标准化的特点、各个标准化相关主体的特征。③ 标准与专利、法律相结合的计量分析：标准和专利、法律法规的关系日益紧密，越来越多的专利被写入标准中，越来越多的法律开始引用相关标准。将专利知识网络、标准知识网络和法律知识网络联合起来进行分析，构建多维知识网络，探索其发展演化的规律，可以更加全面地掌握新技术、新知识的流动，为制定竞争策略和宏观市场调控提供科学依据。

参考文献

中文参考文献

[1] 中国标准化研究院.GB/T 12366-2009 综合标准化工作指南[S].北京:中国标准出版社,2009.

[2] 中国标准化研究院.GB/T 13016-2009 标准体系表编制原则和要求[S].北京:中国标准出版社,2009.

[3] 全国服务标准化技术委员会.GB/T 15624-2011 服务标准化工作指南[S].北京:中国标准出版社,2011.

[4] 中国标准化研究院.GB/T 20000.1-2002 标准化工作指南 第1部分:标准化和相关活动的通用词汇[S].北京:中国标准出版社,2002.

[5] 全国服务标准化技术委员会.GB/T 24421.2-2009 服务业组织标准化工作指南 第2部分:标准体系[S].北京:中国标准出版社,2009.

[6] 中国标准化研究院.GB/T 28222-2011 服务标准编制通则[S].北京:中国标准出版社,2011.

[7] 全国服务标准化技术委员会.GB/T 30226-2013 服务业标准体系编写指南[S].北京:中国标准出版社,2014.

[8] 白殿一,逄征虎,刘慎斋,等.标准的编写[M].北京:中国标准出版社,2009.

[9] 常修泽.中国现阶段基本公共服务均等化研究[J].中共天津市委党校学报,2007(2):66-71.

[10] 陈彪.浙江省基本公共文化服务均等化研究[D].杭州:浙江大学,2009.

[11] 陈红燕.公共文化服务体系建设中存在的问题及其对策[J].大众文艺,2013(7):270.

[12] 陈红宇.内蒙古农村牧区公共文化服务绩效评估研究[J].内蒙古科技与经济,2012(24):3-5.

[13] 陈立旭.公共文化发展模式:市场经济条件下的重构[J].江苏行政学院学报,2010(3):36-41.

[14] 崔秀英,李文霞.大力推动公共文化服务标准化、均等化建设——关于海拉尔区建立现代公共文化服务体系的调查[J].内蒙古宣传思想文化工作,2014(10):39-42.

[15] 冯璐,冷伏海.共词分析方法理论进展[J].中国图书馆学报,2006(2):88-92.

[16] 高喜月.我国公共文化服务供给的主体、特征和路径选择——基于政府间关系[J].学理论,2014(16):64-65.

[17] 韩军.论公共文化服务体系的构建[J].党政干部论坛,2008(1):16-17.

[18] 何流.全国文物保护标准化技术委员会正式成立[N].中国文物报,2006-08-09(1).

[19] 何亚文.全国社会艺术水平考级服务标准化工作介绍[J].中国标准化,2008(9):23-25.

[20] 贺瑀.公共文化服务评估统计指标体系研究[D].昆明:云南财经大学,2013.

[21] 洪生伟.标准化管理[M].北京:中国标准出版社,2012.

[22] 胡税根,李幼芸.省级文化行政部门公共文化服务绩效评估研究[J].中共浙江省委党校学报,2015(1):26-31.

[23] 胡税根,吴芸芸,翁列恩.浙江省公共文化服务标准化发展研究[J].文化艺术研究,2014(01):1-8.

[24] 黄恒学,张勇.政府基本公共服务标准化研究[M].北京:人民出版社,2011:19.

[25] 江清和.大力推进文化馆的标准化建设[J].中国标准化,2008(9):12-13.

[26] 蒋建梅.政府公共文化服务体系绩效评价研究[J].上海行政学院学报,2008(4):60-65.

[27] 蒋名未.中国公共文化服务绩效评估研究[D].北京:中国社会科学院研究生院,2010.

[28] 柯平,洪秋兰,孙情情.公共文化服务体系中的图书馆与社会合作实证研究[J].图书情报工作,2009(17):8-12.

[29] 李春田.标准化概论(第四版)[M].北京:中国人民大学出版社,2005.

[30] 李春田.标准化概论(第五版)[M].北京:中国人民大学出版社,2010.

[31] 李春田.标准化概论(第六版)[M].北京:中国人民大学出版社,2014.

[32] 李春田.标准化是一把双刃剑[J].中国个体防护装备,2005(3):18-20.

[33] 李凤云.美国标准化调研报告(中)[J].冶金标准化与质量,2004(3):27-30.

[34] 李涵.解读《全国服务业标准2009年—2013年发展规划》[J].标准生活,2009(11):23-25.

[35] 李宁.农村公共文化服务绩效评估机制构建研究[J].宁夏大学学报(人文社会科学版),2009(6):181-184.

[36] 李上.公共服务标准化体系及评价模型研究[D].北京:中国矿业大学(北京),2010.

[37] 李少惠,余君萍.西方公共文化服务体系综述及其启示[J].图书馆理论与实践,2012(3):17-20.

[38] 李少惠.公共文化服务体系建设的主体构成及其功能分析[J].社科纵横,2007(2):37-39.

[39] 李治.从新公共管理到新公共服务的理论发展[J].湖北社会科学,2008(5):28-32.

[40] 刘婵.全国文化馆事业蓬勃发展[N].中国文化报,2014-12-12(1).

[41] 刘春青,李玉冰,范春梅,等.美国 英国 德国 日本和俄罗斯标准化概论[M].北京:中国标准出版社,2012.

[42] 刘军.社会网络分析导论[M].北京:社会科学文献出版社,2004.

[43] 刘俊生.公共文化服务组织体系及其变迁研究——从旧思维到新思维的转变[J].中国行政管理,2010(1):39-42.

[44] 牛钢.全国服务标准化技术委员会成立大会在京召开[J].上海标准化,

2003(5):6.

[45] 邱均平,李小涛,董克.图情领域可视化研究的发展、演化与创新[J].图书情报工作,2014,58(3):125-131.

[46] 邱均平,李小涛.高校图书馆标准化研究的回顾与展望[J].图书情报工作,2015,59(2):131-135.

[47] 邱均平,李小涛.基于引文网络挖掘和时序分析的知识扩散研究[J].情报理论与实践,2014,37(7):5-10.

[48] 邱均平.信息计量学[M].武汉:武汉大学出版社,2007.

[49] 阮可.公共文化服务标准化均等化的实践与思考——基于浙江的视角[J].上海文化,2014(2):83-88.

[50] 桑得斯.标准化的目的与原理[M].中国科技情报所,译.北京:科学技术文献出版社,1974.

[51] 沈河涛.我国网络文化标准化的现状分析与展望[J].中国标准化,2008,(9):14-16.

[52] 舒辉.标准化理论与实务[M].北京:经济管理出版社,2000.

[53] 舒雯.公共文化服务保障机制建设研究[D].杭州:浙江大学,2013.

[54] 司马云杰.文化社会学[M].北京:中国社会科学出版社,2007.

[55] 松浦四郎.工业标准化原理[M].熊国凤,薄国华,译.北京:中国标准出版社,1981.

[56] 宋世明.美国行政改革研究[M].北京:国家行政学院出版社,1999.

[57] 索传军,田颖.我国图书馆标准化的现状与图标委工作的思考[J].中国标准化,2008(9):9-11.

[58] 王彩云.论高校图书馆与公共文化服务体系的构建[J].图书馆工作与研究,2010(1):26-29.

[59] 王大为.公共文化服务的基本特征与现代政府的文化责任[J].齐齐哈尔师范高等专科学校学报,2007(3):67-69.

[60] 王登华,卓越.公共服务标准化导论——以南京市江宁区财政局实践探索为个案[M].北京:中国财政经济出版社,2011.

[61] 王列生,郭全中,肖庆.国家公共文化服务体系论[M].北京:文化艺术出版社,2009.

[62] 王洛忠,李帆. 我国基本公共文化服务:指标体系构建与地区差距测量[J]. 经济社会体制比较,2013(1):184-195.

[63] 王全吉,周航. 浙江公共文化服务创新研究[M]. 杭州:浙江大学出版社,2013.

[64] 王晓燕. 法国标准化管理与动作模式考察报告[J]. 上海标准化,2004(5):39-41.

[65] 翁列恩,钱勇晨. 我国公共文化服务需求反馈模式研究[J]. 文化艺术研究,2014(2):20-26.

[66] 吴传龙. 新公共服务理论及其对我国服务型政府建设的启示[D]. 济南:山东大学,2012.

[67] 项继权. 基本公共服务均等化:政策目标与制度保障[J]. 华中师范大学学报(人文社会科学版),2008(1):2-9.

[68] 肖潇. 建立文化娱乐场所标准体系推动文化娱乐业健康有序发展——全国文化娱乐场所标准化技术委员会其工作[J]. 中国标准化,2008(9):17-19.

[69] 谢志强. 文化社会学[J]. 现代外国哲学社会科学文摘,1986(5):44-45.

[70] 徐方雅. 我国文化产业的发展现状及发展策略[J]. 中国商贸,2014(14):191-192.

[71] 许建业. 公共文化服务体系建构中的图书馆发展路向——兼论新公共服务理论对图书馆事业改革的启示[J]. 国家图书馆学刊,2006(3):44-48.

[72] 薛艳. 公共文化服务绩效评估研究——以沧浪区为例[J]. 中外企业家,2014(19):60-62.

[73] 闫平. 服务型政府的公共性特征与公共文化服务体系建设[J]. 理论学刊,2008(12):90-93.

[74] 闫平. 试论公共文化服务体系建设[J]. 理论学刊,2007(12):112-116.

[75] 杨辉. 美国标准化管理体制对我国的启示[J]. 世界贸易组织动态与研究,2006(5):37-39.

[76] 于萍. 四川省基本公共文化服务均等化问题研究[D]. 杭州:浙江大学,2011.

[77] 余君萍. 公共治理视野下我国农村公共文化服务绩效评估研究[D]. 兰州:兰州大学,2010.

[78] 袁永红. 刘奇葆在我区调研时强调促进基本公共文化服务标准化均等化[J]. 内蒙古宣传思想文化工作,2014(7):2.

[79] 张刚,邱邑洪. 全国文化艺术资源保护标准化技术委员会及其工作[J]. 中国标准化,2008(9):20-22.

[80] 张宏伟,宋建武. 公共文化产品的质量标准和控制机制研究[J]. 四川大学学报(哲学社会科学版),2012(1):139-144.

[81] 张健华,杜谆. 统筹服务设施网络建设促进基本公共文化服务标准化、均等化[J]. 中华文化论坛,2014(3):137-139.

[82] 张晓明,李河. 公共文化服务:理论和实践含义的探索[J]. 出版发行研究,2008(3):5-8.

[83] 赵迎芳. 国外公共文化服务体系建设及其对山东的启示[J]. 东岳论丛,2014(4):185-189.

[84] 钟伟. 教育服务标准化技术委员会成立[N]. 中国教育报,2009-05-15(2).

[85] 钟伟金,李佳. 共词分析法研究(一)——共词分析的过程与方式[J]. 情报杂志,2008(5):70-72.

[86] 周晓丽,毛寿龙. 论我国公共文化服务及其模式选择[J]. 江苏社会科学,2008(1):90-95.

[87] 朱海闵. 基本公共文化服务标准化均等化研究[J]. 文化艺术研究,2014(1):9-14.

[88] 朱艳鑫,赵立波. 公共文化服务绩效评价:基于 DEA 的实证研究[J]. 山东行政学院学报,2013(1):33-38.

外文参考文献

[89] Allison P D, Price D, Griffith B C, et al. Lotka's law: A problem in its interpretation and application[J]. Social studies of science,1976,6(2):269-276.

[90] Andrews R. Civic culture and public service failure: An empirical exploration[J]. Urban studies,2007,44(4):845-863.

[91] Antonova V. Developing an inclusive culture of public social services in Russia: Rhetoric, policies and practices[J]. International social work,2014,57(5):497-510.

[92] Appiah B,Bates I,Owusu-Ofori S,et al. Ethical and cultural concerns for health professionals, media and the public in promoting adequate and safe blood transfusion services in africa:a case study of ghana[J]. Vox sanguinis,2013,105:96-96.

[93] Barnett C. Culture, policy, and subsidiarity in the European Union: from symbolic identity to the governmen talisation of culture [J]. Political geography,2001,20(4):405-426.

[94] Barrette J,Lemyre L,Corneil W,et al. Organizational learning among senior public-service executives:An empirical investigation of culture, decisional latitude and supportive communication[J]. Canadian public administration publique du canada,2007,50(3):333-353.

[95] Batagelj V, Mrvar A. Pajek-program for large network analysis [J]. Connections,1998,21(2):47-57.

[96] Bertacchini E,Nogare C D. Public provision vs. outsourcing of cultural services:Evidence from Italian cities[J]. European journal of political economy,2014,35(9):168-182.

[97] Birtolo M S. The Declarations of human rights between nature and culture[J]. Teoria-rivista di filosofia,2014,34(2):45-63.

[98] Callon M, Law J, Rip A. Mapping the dynamics of science and technology:Sociology of science in the real world[M]. London: Macmillan Press,1986.

[99] Changc Y, Yang S Q. Research on equalization construction of rural public cultural services in harmonious society[C]//Human resources challenge during post gfc period. Marrickville: Aussino acad publ house, 2011.

[100] De B,Rosen R. Studies in scientific collaboration[J]. Scientometrics,1979, 1(2):133-149.

[101] Dedova, M. Development of public cultural services management: Study of the night of museums[C]//Proceedings of the 17th international conference current trends in public sector research. Brno: Masarykova Univ,2013:21-28.

[102] Denhardt R B,Denhardt J V. The new public service: Serving rather than steering[J]. Public administration review,2000,60(6):549-559.

[103] Denman L. Enhancing the accessibility of public mental health services in Queensland to meet the needs of deaf people from an Indigenous Australian or culturally and linguistically diverse background[J]. Australasian psychiatry,2007(15):S85-S89.

[104] Dorasamy N. Enhancing an ethical culture through purpose—directed leadership for improved public service delivery: A case for South Africa [J]. African journal of business management,2010,4(1):56-63.

[105] Driscoll C. The contract culture in public services: Studies from Britain,Europe and the USA[J]. Local government studies,1998,24(1):132-134.

[106] Duvell F, Jordan B. Immigration control and the management of economic migration in the United Kingdom: Organisational culture, implementation,enforcement and identity processes in public services [J]. Journal of ethnic and migration studies,2003,29(2):299-336.

[107] Frew E,Sequeira J,Cant R. Nutrition screening process for patients in an acute public hospital servicing an elderly, culturally diverse population[J]. Nutrition & Dietetics,2010,67(2):71-76.

[108] Fuente E. Sociology and aesthetics[J]. European Journal of Social Theory,2000,3(2):235-247.

[109] Gao Y N, Zhang Y C, Qi R, et al. A preliminary study for public service and commercial operations of digital culture resources in parallel mutually beneficial operating mode[C]//Proceedings of the 2013 international conference on advances in social science,

humanities, and management, 2013:475 - 479.

[110] Garfield E, Merton R K. Citation indexing: Its theory and application in science, technology, and humanities[M]. New York: Wiley, 1979.

[111] Garfield E, Pudovkin A I, Istomin V S. Mapping the output of topical searches in the Web of Knowledge and the case of Watson-Crick[J]. Information Technology and Libraries, 2003, 22(4):183 - 188.

[112] Garfield E. Citation indexes for science. A new dimension in documentation through association of ideas[J]. International journal of epidemiology, 2006, 35(5):1123 - 1127.

[113] Garfield E. Scientography: Mapping the tracks of science[J]. Current Contents: Social & Behavioural Sciences, 1994, 7(45):5 - 10.

[114] Geng X L, Wu X X. On safeguard mechanism of public service sustainable supply on the perspective of culture right: Taking changshu for example[C]//Proceedings of the 2012 international conference on management innovation and public policy (ICMIPP 2012), Irvin: Sci Res Publ, 2012:6 - 11.

[115] Grummell B. The educational character of public service broadcasting from cultural enrichment to knowledge society[J]. European Journal of Communication, 2009, 24(3):267 - 285.

[116] Guttman D. Public purpose and private service: The twentieth century culture of contracting out and the evolving law of diffused sovereignty[J]. Administrative Law Review, 2000, 52(3):859 - 926.

[117] Harhoff D, Narin F, Scherer F M. Citation frequency and the value of patented inventions[J]. Review of Economics and Statistics, 1999, 81(3):511 - 515.

[118] Hong Y. Between corporate development and public service: The cultural system reform in the Chinese media sector[J]. Media Culture & Society, 2014, 36(5):610 - 627.

[119] Horsti K, Hulten G. Directing diversity managing cultural diversity media policies in Finnish and Swedish public service broadcasting

[J]. International Journal of Cultural Studies,2011,14(2):209-227.

[120] Huang R, Wang J. Regression analysis model for improving grassroots' public cultural services[C]//2013 International conference on service sciences(ICSS 2013). New York:IEEE,2013:134-138.

[121] Kong L. Cultural policy in Singapore: Negotiating economic and socio-cultural agendas[J]. Geoforum,2000,31(4):409-424.

[122] Lawrence G. Bringing it all back home: Essays on cultural studies [M]. Durham:Duke University Press,1997:4.

[123] Leydesdorff L. Clusters and maps of science journals based on bi-connected graphs in Journal Citation Reports [J]. Journal of Documentation,2004,60(4):371-427.

[124] Lodge M. Politicians and public services: Implementing change in a clash of cultures[J]. West European Politics,2009,32(1):236-237.

[125] Lowenthal L. An unmastered past [M]. Berkeley: University of California Press,1987.

[126] Lynch M J. Educational,cultural,and recreational services of public-library for adults[J]. Library Quarterly,1978,48(4):476-487.

[127] Malik M E,Danish R Q,Usman A. Impact of motivation to learn and job attitudes on organizational learning culture in a public service organization of Pakistan [J]. African journal of business management,2011,5(3):844-854.

[128] Mcclean G. Special broadcasting:Cultural diversity,policy evolutions and the international 'crisis' in public service broadcasting[J]. Media international Australia,2008,(129):67-79.

[129] Megill A. Prophets of extremity: Nietzsche, heidegger, foucault, derrida[M]. Berkeley:University of California Press,1987.

[130] Meijer I C. Cultural dilemmas in Public Service Broadcasting[J]. Communications-european journal of communication research,2008, 33(1):109-112.

[131] Meyer M . Does science push technology? Patents citing scientific

literature[J]. Research policy,2000,29(3):409-434.

[132] Mignon P L. Jeanne Laurent, founder of the public service for culture, 1946—1952[J]. Revue d histoire du theatre,2006,58(4):396-398.

[133] Mihelj S. From public service to tele-reality: A cultural history of European television[J]. European journal of communication,2012,27(2):195-197.

[134] Nuppenau E A. Integrated modelling of payment for ecosystem services:Using willingness to pay and accept, for nature provision and addressing public management in cultural landscape [J]. Operational research,2014,14(2):151-175.

[135] Ongena G, Van D W, Huizer E. Acceptance of online audio-visual cultural heritage archive services:A study of the general public[J]. Information research-an international electronic journal,2013,18(2):40-45.

[136] Price D J, Beaver D. Collaboration in an invisible college[J]. American psychologist,1966,21(11):1011.

[137] Ritz A, Brewer G A. Does societal culture affect public service motivation? Evidence of sub-national differences in Switzerland[J]. International public management journal,2013,16(2):224-251.

[138] Scaff L A. Weber, Simmel, and the sociology of culture[J]. The Sociological Review,1988,36(1):1-30.

[139] Schileru I. Anthroposociological elements in cultural public services [J]. Amfiteatru economic,2008(10):25-32.

[140] Small H. Co-citation in the scientific literature:A new measure of the relationship between two documents[J]. Journal of the American Society for information Science,1973,24(4):265-269.

[141] Swingewood A. Cultural theory and the problem of modernity[M]. London:Macmillan Press,1998.

[142] Tseng T S, Chiu Y W, Espinoza F, et al. Cultural and linguistic services in a public hospital:A pilot study[J]. Annals of behavioral

medicine,2012,43(10):S231 - S231.

[143] White H D,Griffith B C. Author cocitation:A literature measure of intellectual structure[J]. Journal of the American Society for information Science,1981,32(3):163 - 171.

网络参考文献

[144] 国家质量监督检验检疫总局. 全国专业标准化技术委员会章程[EB/OL].[2006-10-27]. http://www.aqsiq.gov.cn/xxgk_13386/zvfg/flfg/200610/t20061027_17145.htm.

[145] 新华网. 授权发布:中共中央关于全面深化改革若干重大问题的决定[EB/OL].[2013-11-16]. http://www.sn.xinhuanet.com/2013-11/16/c_118166672.htm.

[146] 新华网. 中共中央关于制定"十一五"规划的建议(全文)[EB/OL].[2014-8-12]. http://news.xinhuanet.com/politics/2005-10/18/content_3640318.htm.

[147] 新华网. 中共中央办公厅、国务院办公厅印发《关于加快构建现代公共文化服务体系的意见》[EB/OL].[2015-01-14]. http://news.xinhuanet.com/ttgg/2015-01/14/c_1113996899.htm.

[148] 中国电子政务网. 标准化事业发展"十二五"规划[EB/OL].[2011-12-23]. http://www.e-gov.org.cn/ziliaoku/zhengfuguihua/201203/128316.html.

[149] 中国广播网. 文化部将推进基本公共文化服务标准化、均等化[EB/OL].[2014-01-03]. http://china.cnr.cn/NewsFeeds/201401/t20140103_514565504.shtml.

[150] 中国政府网. 文化部关于印发《文化标准化中长期发展规划(2007—2020)》的通知[EB/OL].[2014-8-18]. http://www.gov.cn/gzdt/2007-08/06/content_707569.htm.

[151] 中华人民共和国科学技术部.《国家文化科技创新工程纲要》解读化[EB/OL].[2012-07-19]. http://www.most.gov.cn/kjbgz/201207/t20120718_95694.htm.

后　记

本书的大致框架和思路初步形成于2015年，当时正是"半个月亮珞珈那面爬上来，又是一年三月樱花开"的美丽季节。历经三年的修改完善，本书终于得以出版，心里涌起一阵难以抑制的喜悦与感恩。

首先，我要感谢我的导师邱均平教授的悉心指导。邱老师提出的"勤奋、创新、团结、进取"的师训，指引着学生的每一次进步，我将永远铭记！感谢赵蓉英教授的亲切鼓励，让我增加了我在科研中勇往直前、迎难而上的信心。感谢苏金燕、王菲菲师姐激发了我对科研工作的向往，感谢其他同门兄弟姐妹们的无私分享与大力支持！三年的邱门求学经历为我的科研工作奠定了坚实基础，这将是我永生难忘的宝贵财富！

其次，本书的写作与出版获得了中央高校基本科研业务费专项资金(No. NR2018056)的资助，感谢南京航空航天大学科学技术研究院姚静老师在项目申报、管理与结题过程中的指导与帮助。

另外，本书有幸能在东南大学出版社出版，需要感谢南京航空航天大学图书馆梁芳老师的热心推荐。东南大学出版社的汤晓月、贺玮玮两位编辑为本书的修订与完善投入了大量精力，她们的意见和建议让本书增色不少。最后，我要感谢家人的支持与陪伴。正是由于家人最无私的爱和最彻底的支持，才让我有克服万难的勇气和一往无前的决心来完成本书。还有很多支持和帮助过我的领导、老师、同学和亲友，无法一一列举，在此一并向你们致以衷心的感谢！我将以最饱满的热情投入到今后的工作和生活当中，以实际行动和更多的成绩作为对你们最好的报答！

作者简介

李小涛
博士，硕士生导师

  1986年生于湖北省潜江市，2015年毕业于武汉大学信息管理学院，获管理学博士学位。现任南京航空航天大学图书馆、南京航空航天大学工业和信息化智库评价中心副研究馆员，情报学、公共管理专业硕士生导师，从事学科评价与智库建设工作，主要研究方向为信息计量与科学评价，在国际学术会议及国内核心期刊发表学术论文20余篇。

  近年承担的代表性科研项目如下：

  1. 主持中央高校基本科研业务费专项资金资助项目"基于Altmetrics的科技人才多元评价体系构建与应用研究"（项目编号：NR2017033），2017—2018年；

  2. 主持南京航空航天大学研究生教育教学改革研究项目"基于学科评价的研究生科研能力培养模式研究"，2017—2019年；

  3. 主持南京航空航天大学图书馆业务创新项目"基于人工神经网络的综合评价方法与应用研究"（项目编号：TSG201701），2017—2019年；

  4. 主持南京航空航天大学新教师工作启动基金项目"大数据环境下高校图书馆的创新发展与转型"（项目编号：56YAH15060），2015—2017年；

  5. 参与国家社会科学基金一般项目"大数据环境下人文社会科学学术创新力自动测度研究"（项目编号：15BTQ058），2015—2018年；

  6. 参与国家社会科学基金重大项目"基于语义的馆藏资源深度聚合与可视化展示研究"（项目编号：11&ZD152），2011—2014年。